Elisabeth Jucker

Unterwegs in Sikkims Norden

Der Norden des ehemaligen Königreichs Sikkim ist nur dünn besiedelt und touristisch wenig erschlossen. Im Dzongu, am Fuss der höchsten Berge des östlichen Himalajas leben die Lepcha, die Ureinwohner Sikkims.

Die Autorin reiste von Yuksam nach Gangtok und weiter nach Mangan in den Norden. Die Route führte über Chungthang nach Lachen und Lachung.

Übernachtungen in sehr einfachen Homestays brachten ihr die bescheidene und naturverbundene Lebensweise der Lepcha näher. Wanderungen in der prächtigen Bergwelt, Beobachtungen und Begegnungen mit den liebenswürdigen Ureinwohnern, machten diese Reise zu einem aussergewöhnlichen Erlebnis.

Elisabeth Jucker

Unterwegs in

Sikkims Norden

Kultur- und Wanderreise
im Land der Lepcha

Umschlagfoto:
Guard of Dzongu vor Kangchendzönga

Das Werk, einschließlich seiner Teile, ist urheberrechtlich geschützt. Jede Verwertung ist ohne Zustimmung des Verlages und der Autorin unzulässig. Dies gilt insbesondere für die elektronische oder sonstige Vervielfältigung, Übersetzung, Verbreitung und öffentliche Zugänglichmachung.

Bibliografische Information der Deutschen Nationalbibliothek: Die Deutsche Nationalbibliothek verzeichnet diese Publikation in der Deutschen Nationalbibliografie; detaillierte bibliografische Daten sind im Internet über http://dnb.d-nb.de abrufbar.

© 2020 Elisabeth Jucker
Umschlag, Gestaltung, Satz: ju-design.ch
Fotos: Elisabeth Jucker, Brigitte Aeschbach
Lektorat: Evelyne Roth

Paperback	ISBN 978-3-347-02224-9
e-Book	ISBN 978-3-347-02225-6

Verlag & Druck:
tredition GmbH, Halenreie 40-44, 22359 Hamburg

Inhalt

Sikkims unbekannter Norden 9

Ankunft in Sikkim 14
Tag 1: Delhi, Bagdogra, Jorethang

Unterwegs nach Yuksam 21
Tag 2: Tingmo, Legship, Tashiding Monastery, Yuksam

Bio-Landwirtschaft auf über 2000 Meter Höhe 30
Tag 3: Yuksam: Dubdi Monastery, Bio-Farm

Schnuppertrekking 38
Tag 4: Yuksam: Wanderung Khangchendzonga Trek

Wiedersehen in Kewzing 45
Tag 5: Khecheopalri Lake, Pelling, Kewzing

Prächtige Sicht und viele Kurven 53
Tag 6: Temi, Singtam, Rumtek

Unterwegs ins Land der Lepcha 60
Tag 7: Gangtok, Kabi, Phodong, Mangan, Ringhim

Über den Fluss nach Dzongu 72
Tag 8: Mangan, Namprik, Tingvong

Wanderung in Tingvong......................84
Tag 9: Tingvong: Umgebung, Schule, Kloster

Das Seitental von Lachen 93
Tag 10: Namprik, Mangan, Chungthang, Lachen

Wanderung zur Einsiedelei 100
Tag 11: Lachen: Fahrt nach Tangu, Wanderung

Zum Abendspaziergang in Lachung.............107
Tag 12: Chungthang, Lachung

Shingba Rhododendron Sanctuary...............115
Tag 13: Lachung: Hochtal von Yumthang, Wanderung

Zurück nach Ost-Sikkim 121
Tag 14: Chungthang, Mangan, Dikchu, Gangtok

Gletschersee Tsomgo........................126
Tag 15: Gangtok: Tsomgo Lake, Gangtok City

Abschied von Sikkim........................132
Tag 16: Rongphu, Bagdogra, Delhi

Nach der Reise 136

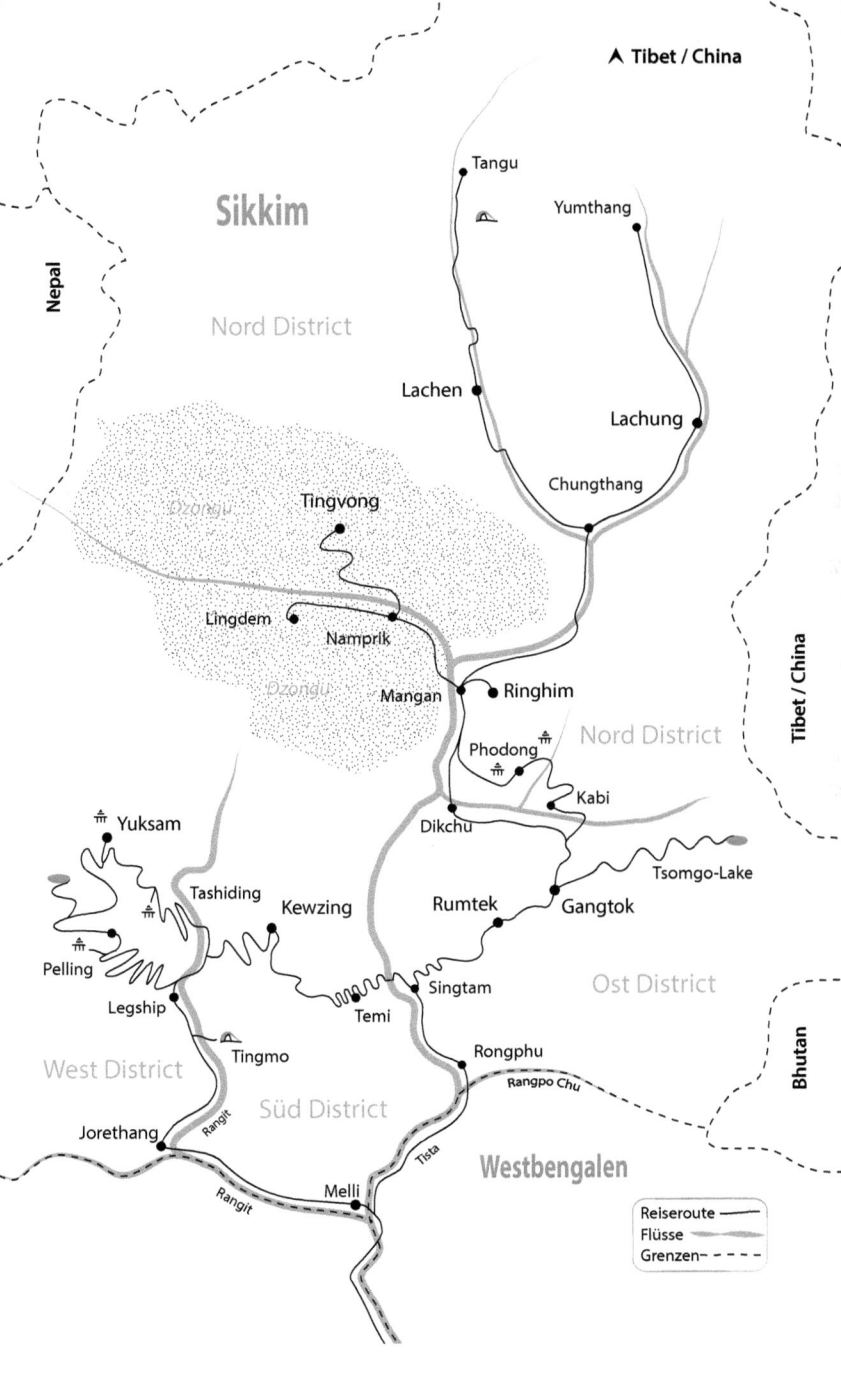

Für Tseten Lakpa Bhutia und Dipesh Pradhan
mit grossem Dank für ihre Begleitung
durch den aussergewöhnlich schönen
und interessanten Norden von Sikkim.

Sikkims unbekannter Norden

Wenn ich an das ehemalige Königreich Sikkim denke, wird mir warm ums Herz. Warum genau, weiss ich nicht. Vielleicht sind es die genügsamen, friedfertigen Menschen, die am Fuss des Himalajas leben, vielleicht ist es die einzigartige Natur in dieser dünn besiedelten Gegend. Mir gefallen die farbigen Häuser, geschmückt mit unzähligen Blumentöpfen, die üppigen Gemüsegärten und terrassierten Felder. Beeindruckend ist auch die an den steilen Hängen betriebene biologische Landwirtschaft.

Nun kehre ich nach zwei Jahren, Ende März 2019, hierher zurück, um in den Norden von Sikkim zu reisen. Am meisten freue ich mich auf das Wiedersehen mit Bhila, dem initiativen, jungen Guide, der mich bereits auf meiner Reise 2017 begleitet hat. Bhila trug wesentlich dazu bei, mich für dieses Land und seine Menschen zu begeistern. Er brachte mir die Eigenart und Schönheit Sikkims, seine animistisch geprägte buddhistische Kultur, die Geschichte des Landes und seiner Bewohner auf unterhaltsame Weise nahe.

Bhila gehört zur Ethnie der Bhutia, die im 8. Jahrhundert aus Tibet über den Himalaja eingewandert sind. Er ist es, der mir gesagt hat, dass man das Land erst kenne, wenn man den Norden besucht habe. Dort oben, am Fuss der höchsten Berge, im Gebiet Dzongu, leben die Lepcha, die eigentlichen Ureinwohner Sikkims.

Nun freue ich mich voller Neugier auf Bekanntes und Unbekanntes, auf Begegnungen mit liebenswürdigen Menschen und auf die vielen Geschichten, die ich im Lauf der Reise erfahren werde. Diesmal bin ich nicht allein unterwegs, sondern mit einer Freundin, von der ich weiss, dass sie bereit ist, sich ohne Vorurteile und Berührungsängste auf das unbekannte Abenteuer einzulassen.

Unsere Reise führt vom Flughafen Bagdogra in West-Bengalen zuerst nach Melli, wo wir die Grenze zu Sikkim überqueren. Von dort geht es dem Fluss Rangit entlang nach Jorethang. In diesem Ort übernachten wir das erste Mal. Am folgenden Tag fahren wir über das Tashiding Monastery direkt nach Yuksam.

Ich setze Yuksam an den Anfang der Reise, weil es für mich die mir bisher schönste bekannte Gegend des Landes ist. Bhila lebt dort und will mir seine Dairy Farm zeigen, die er in den letzten zwei Jahren aufgebaut hat.

Danach führt die Reise wieder südwärts über Pelling nach Legship. Wir überqueren den Rangit und gelangen nach Kewzing, das in Süd-Sikkim liegt. Über Ravangla, Damthang und Temi Tee Garden erreichen wir Rumtek.

Dann endlich gelangen wir über Gangtok nach Mangan, in den Norden von Sikkim. Dort im Gebiet Dzongu, dem Land der Lepcha, übernachten wir im kleinen Ort Ringhim, der bereits nicht mehr auf der Karte zu finden ist. Am nächsten Tag überqueren wir den Tulung-Chu, der 2016 wegen eines gewaltigen Erdrutsches lange Zeit nur per Boot passierbar war. Seit kurzem kann der Fluss dank einer Notbrücke mit dem Auto wieder überquert werden. So erreichen wir den kleinen Ort Tingvong, übernachten im Homestay und erkunden die Gegend.

Danach geht es zurück bis Mangan, von dort nach Chungthang und Lachen. Auf 3000 m ü. M. verwandelt sich die Landschaft in karges hochgebirgiges Gelände. Die Berge rücken näher. Der Schnee reicht weit hinunter. Der nördlichste für uns zugängliche Ort ist Tangu. Von dort aus besuchen wir die Einsiedelei der französischen Tibet-Forscherin Alexandra David-Néel, ein Abenteuer, das auch unseren jungen Fahrer

Dipesh begeistern wird. Zurück in Chungthang fahren wir ins nächste Seitental nach Lachung. Hier scheinen die Berge noch näher zu rücken. Nördlich, Richtung Yumthang, erstreckt sich ein Rhododendron-Wald mit vielen, weit über hundertjährigen Bäumen. Die Strasse schneidet sich durch meterhohe Lawinenkegel. Wegen der Nähe zur chinesischen Grenze ist hier Militär stationiert. Aus diesem Grund sind die Strassen relativ gut unterhalten.

Auf dem Rückweg besuchen wir von Gangtok aus den auf 4000 m ü. M. gelegenen Gletschersee Tsomgo und geniessen zusammen mit vielen indischen Touristen das faszinierende Hochgebirge.

Die Erlebnisse und Begegnungen meiner ersten Reise habe ich im Buch «Unterwegs in Sikkim» (erschienen 2018) festgehalten. Ich werde auf dieser Reise einige Orte nochmals besuchen. Die Erlebnisse und Begebenheiten werden anderer Art sein, so dass ich nicht zweimal das gleiche beschreiben und erzählen werde. Detaillierte Daten und Fakten zu vielen Sehenswürdigkeiten können problemlos im Internet abgerufen werden. Ich beschränke mich daher vorwiegend auf persönliche Erlebnisse und mündliche Quellen. Entsprechend ist die Auswahl der Fotos. Über viele Sehenswürdigkeiten existieren tolle Bilder im Netz und sind als ergänzende Information wertvoll. Mein Augenmerk richtet sich auf überraschende oder ungewohnte Anblicke. Fotos von Menschen verwende ich mit deren Einverständnis.

Auf den folgenden Seiten werde ich den Verlauf der Reise, die Erlebnisse, die bewegenden Erfahrungen und interessanten Begegnungen möglichst anschaulich und unterhaltend darstellen.

Das Buch ersetzt keinen Reiseführer. Es beschreibt, wie sich das Reisen in diesem kleinen ehemaligen Königreich anfühlt und was es an Ungewöhnlichem und Überraschendem zu entdecken gibt.

Ich hoffe, dass ich auf diese Weise meine Zuneigung und Achtung für Sikkims Menschen, meine Begeisterung für die Kultur und Natur dieses Landes mit dir/Ihnen, liebe Leserin, lieber Leser, teilen kann.

Sikkim gehört seit 1975 zu Indien und ist sein zweitkleinster Bundesstaat. 600 000 Einwohner leben auf 7096 km² des gebirgigen Landes, das von Nepal, China und Bhutan umschlossen ist. Es gibt kaum ebene Flächen, nur Berge mit steilen Hängen, Schluchten und Flüsse. Das Klima reicht von subtropischer Wärme bis zu eisiger Kälte im Hochgebirge. Der Kangchendzönga, an der Grenze zu Nepal, ist mit 8543 m ü. M. der dritthöchste Berg der Welt.

Die Schreibweise der Ortschaften hat mir auch dieses Mal Kopfzerbrechen bereitet. Viele Namen (z. B. auf Google Maps) sind der englischen Aussprache angepasst, was nicht unbedingt hilfreich ist. Die Bhutia sprechen eine Sprache tibetobirmanischen Ursprungs. Den Hinweis auf die Verwandtschaft mit dem Tibetischen und dem Dzongkha, das in Bhutan gesprochen wird, findet man in Wikipedia. Doch das hat mir alles nicht geholfen. Als ich mich zum Beispiel für die Schreibweise von Rongphu entscheiden musste, fand ich im Netz folgenden Hinweis: «Rongphu is also known as Rangpo, Rongphu, Rungpo.» Ja, so ist es tatsächlich. Man wird beim Nachverfolgen meiner Reise in verschiedenen Medien auf verschiedene Schreibweisen stossen. Doch mit etwas Fantasie, sollte es gelingen, die jeweligen Orte bestimmen zu können.

Fotos:
Tsomgo-See | Unterwegs nach Tangu

Tag 1: Delhi, Bagdogra, Jorethang

Ankunft in Sikkim

Sikkim ist ein sicheres Land. Doch in manchen Himalaja-Regionen kann sich die Situation schnell verändern. Der Selbstmordanschlag in Kaschmir im Februar 2019 belastet das Verhältnis zwischen Indien und Pakistan momentan stark. In der Folge darf Pakistan nicht immer überflogen werden. Am Tag vor meiner Abreise wurde der Flug von Zürich nach Delhi gar annulliert. Heute, am Reisetag, startet das Flugzeug planmässig.

Meine Trekking-Tasche wiegt 20 kg, Brigittes etwas mehr. Bei der Swiss sind 23 kg pro Person erlaubt, auf dem Weiterflug nach Bagdogra nur noch 15 kg. Wir werden in Delhi ein paar Sachen in unsere Rucksäcke umpacken. Die Gebühren für Übergepäck betragen zurzeit INR 500 pro Kilogramm.

Der Umweg verlängert die Flugzeit um zwei Stunden. So landen wir morgens um 2.30 Uhr in Delhi. Da um diese Zeit nur noch wenige Passagiere ankommen, bilden sich keine Warteschlangen vor den E-Visa-Schaltern. Die Immigration Officer warten auf uns. Was für ein Unterschied zu meiner Einreise vor zwei Jahren mit einer Wartezeit von bis zu vier Stunden. Nun gibt es eindeutig mehr Schalter. Fingerabdrücke müssen nicht mehr hinterlegt werden.

Die Zeit, bis das Gepäck auf dem Förderband erscheint, nützen wir zum Geldwechseln am Bankschalter. Für Schweizerfranken und Euros erhalten wir dicke Bündel neuer 500er Rupien-Scheine. Seit einiger Zeit gibt es am Flughafen Bankomaten. Der Bezug ist auf INR 10 000 begrenzt.

Nach dem Zoll erwartet uns Dheeraj (phonetisch: Diratsch), ein aufgeweckter junger Mann, Angestellter des lokalen Partners unseres Reiseorganisators. Sein Auftrag ist es, uns sicher und schnell ins nahe gelegene Hotel zu bringen.

Bevor wir den Flughafen verlassen, möchte ich den Geldbezug am Bankomaten ausprobieren. Ich bin nicht sicher, ob uns morgen genug Zeit dafür bleibt. Unterwegs, das weiss ich vom letzten Mal, gibt es kaum mehr Möglichkeiten dazu. Ich gehe zu einem Automaten und stecke die Karte in den Schlitz. Sie kommt sofort wieder heraus. Auch beim nächsten Versuch. Schon will ich aufgeben. Doch nein, es ist alles richtig so. Dheeraj hilft mir. Man steckt die Karte ein, sie wird gelesen und kommt wieder heraus, erst dann gibt man den Code ein. Problemlos beziehe ich mehrere Male hintereinander den Höchstbetrag von INR 10 000. Gleichzeitig fallen mir Horrorstorys ein, die ich in Blogs gelesen habe, von Karten, die nach mehrmaligen Versuchen nicht mehr ausgespuckt wurden. Nun ist mir alles klar.

In zehn Minuten sind wir im Hotel Pride Plaza. Vergeblich versuche ich an der Rezeption kleine Noten für Trinkgelder zu erhalten, sie sind Mangelware. Wir werden bis am Schluss der Reise knapp dran sein. Mittlerweile ist es 3 Uhr geworden. Es ist schön, sich in einem weichen Bett auszustrecken.

Um 7.30 Uhr spielt Brigittes Smartphone die Aufwachmelodie. Um 8 Uhr stehen wir am Frühstücksbuffet vor einer riesigen Auswahl an internationalen Speisen. Für mich ist klar, dass ich von nun an indisch esse.

Es ist 9 Uhr, als uns der gut gelaunte Dheeraj wieder abholt. Und fix wie er ist, checkt er uns am Automaten ein, noch bevor wir uns richtig orientiert haben. Wir erhalten Fensterplätze auf der linken Seite, damit wir, falls die Sicht klar ist, die 8000er Dhaulagiri, Annapurna, Everest und Kangchendzönga sehen können.

Der Baggage-Drop ist schnell gemacht. Unser beider Übergepäck kostet zusammen INR 3200. Zurzeit erhält man für CHF 15 rund INR 1000.

Bald sitzen wir in einer sauberen A320 von GoAir und starten pünktlich um 11.15 Uhr. Ein Blick auf das von Dunst überzogene Delhi zeigt uns, wie riesig diese Stadt ist. Bald sehen wir Kumuluswolken am blauen Himmel, die Berge halten sich darunter versteckt. Die Flight Attendants schieben Service-Wagen durch den Gang. Getränke werden ausgeschenkt. Auf der Speisekarte gibt es eine Auswahl an Sandwiches und Snacks. Wir bestellen «Cup Noodles». Der Becher wird geöffnet und der Inhalt mit heissem Wasser aufgegossen. Drei Minuten ziehen lassen und fertig ist die scharfe Suppe. Es ist genau das richtige, um uns munter zu halten.

Das Flugzeug landet pünktlich in Bagdogra. Der kleine Flughafen ist überschaubar. Man geht zu Fuss über das Rollfeld zur Ankunftshalle.
Beim Warten aufs Gepäck hören wir Lärm. Skandierende Stimmen. Vor dem Ausgang drängen sich Menschen. Grüne Wimpel werden in die Höhe gereckt. Sofort fallen mir die Unruhen vom Frühling 2017 ein, als in Darjeeling die Menschen für ein unabhängiges Gorkhaland demonstrierten.
Passiert hier etwas Ähnliches? Mir ist etwas flau im Magen. Um eine bessere Übersicht zu haben, gehe ich ein paar Schritte Richtung Ausgang. Letztes Mal hat Bhila gleich hier bei der Schranke auf mich gewartet. Doch jetzt kann ich ihn nirgends entdecken. In der skandierenden Menge sehe ich ein paar in die Höhe gestreckte Smartphones. Auch einen geschwenkten Blumenstrauss entdecke ich. Das nimmt der Szene die Brisanz. Wird eine prominente Person erwartet, ein Filmstar?
Die Menschentraube hängt wie ein Pfropf am Ausgang. Polizisten und Militär schaffen einen Korridor für die angekommenen Passagiere. Dort drängen wir uns nun mit unserem Gepäck durch. Etwas abseits ist es ruhiger. Viele Passagiere

stehen herum wie wir. Was geht hier vor sich? Das frenetische Geschrei schwillt an und ab.

Von Bhila sehe ich weit und breit keine Spur. Die Vorfahrt für Autos ist blockiert. Sicher steckt er im Verkehr fest. Es ist feucht und heiss, wir schwitzen. Gefühlte 35 °C.

Ich versuche Bhila anzurufen und höre auch bald seine Stimme. Wir müssen ordentlich schreien, um uns zu verständigen. Er sagt, er sei draussen, und ich sage, wir seien drinnen. Einfach stehenbleiben, so könne er uns am besten finden. Nach einer Viertelstunde werde ich erneut ungeduldig und rufe nochmal an. Er sagt, alles sei blockiert, und wir sollten versuchen, zum Ausgang zu gelangen.

Ich nehme an, dass er die Ein- und Ausfahrt für die Autos ins Flughafengelände meint. Brigitte bleibt beim Gepäck. Als ich beim Tor für den Parkplatz ankomme, rennt mir ein aufgeregter Bhila nach, nicht etwa von ausserhalb, sondern von innerhalb des Geländes. Das Missverständnis ist schnell geklärt. Mit «innerhalb» meinte er die Ankunftshalle, ich das Flughafenareal.

Übrigens sind wir nicht die einzigen, die warten müssen, ganze Familien sitzen auf ihren Koffern herum. Wir beobachten, wie ein Mann, der unter Gejohle empfangen wird, in einen wartenden schwarzen Jeep einsteigt. Dann löst sich der Menschenpulk langsam auf.

Wir folgen Bhila zum Parkplatz und lernen unseren Fahrer Dipesh kennen. Doch an Wegkommen ist vorläufig nicht zu denken. Totale Blockade. Der weisse Toyota Innova steckt fest. Gefühlte 40 °C. Der Schweiss rinnt. Bhila, praktisch und kundenorientiert, nimmt uns auf einen kleinen Spaziergang mit und führt uns zu einer öffentlichen Toilettenanlage. Einstimmung auf die Verhältnisse, die uns hier erwarteten. Doch wir sind froh darum.

Es dauert eine gute Stunde, bis sich der Verkehrsstau zu lösen beginnt. Im Schritttempo kriechen wir in einer endlosen

Kolonne durch Shiliguri hindurch. Dann endlich geht es etwas flotter über Land.

Nun erklärt uns Bhila, was es am Flughafen mit dem Durcheinander auf sich hatte. Am 11. April finden, wie in ganz Indien, auch in Sikkim Wahlen statt. Alle fünf Jahre werden die Abgeordneten des Parlaments neu gewählt. In den zwei Wochen davor, wird alles in Bewegung gesetzt, um Stimmen zu gewinnen. In Sikkim sind es vor allem zwei Parteien, die einen grossen Aufwand betreiben. Die SDF, Sikkim Democratic Front, mit ihrem Gründer Pawan Chamling ist seit 1994 an der Macht. Viele finden, es sei Zeit für einen Wechsel. Echte Chancen, die Regierungspartei abzulösen, hat die SKM, Sikkim Krantikari Morcha, was soviel wie Revolutionspartei bedeutet.

Zurzeit sind also im ganzen Land freiwillige Wahlhelfer in beflaggten Autos unterwegs, die mit viel Enthusiasmus für ihre Partei werben. Verkehrsstaus sind angesagt und bei Mietautos für Touristen ist ein Engpass vorhanden. Auch die Preise sind höher als zu normalen Zeiten. Viele indische Touristen verschieben aus diesem Grund ihre Ferienreise. Das ist sicher ein Vorteil für uns. Wir werden Sikkim einen Tag vor Beendigung der Wahlen verlassen und somit die Resultate erst zu Hause erfahren.

Als wir die Tista überqueren, ist es bereits dunkel. Der Fluss markiert die Grenze zwischen Westbengalen und Sikkim. In Melli Bazar besorgt uns Bhila die nötigen Aufenthalts- und Reisebewilligungen, die 30 Tage gültig sind. Für uns eine willkommene Pause.

Weiter führt die Fahrt dem Rangit entlang nach Jorethang. Die holperige Strasse verlangt oft Schritttempo. An den bewaldeten Hängen sehen wir da und dort Feuer glimmen. Es sei die Jahreszeit dafür, erklärt uns Bhila. Meine erste Vermutung, dass sich die Wälder von selbst entzünden, trifft nicht zu. Die Brände werden gelegt, damit sich die Vegetation verjüngen kann. Das Auffällige und auch Spezielle an diesen Feuern ist, dass sie in grossen Kreisen angelegt werden. Sie brennen von aussen nach innen und erlöschen von selbst, wenn sie in der Mitte zusammentreffen, da die Nahrung ausgeht.

Um 19.30 Uhr erreichen wir unsere Unterkunft und werden freundlich empfangen. Es ist ein komfortables Club-Hotel mit ausschliesslich indischen Gästen. In der Lobby sitzt ein freundlicher Mann in traditioneller Tracht und spielt Sitar. Wir beziehen das Zimmer und sind zufrieden damit.

Der Hunger treibt uns gleich wieder nach unten. Die umfangreiche Speisekarte des Hotel-Restaurants überfordert uns, so dass wir uns für das Buffet entscheiden. Die verschiedenen Speisen werden uns freundlich erklärt. Erst als wir fertig sind, kommen die indischen Gäste zum Essen.

In der Lobby versuchen wir noch, eine WLAN-Verbindung herzustellen, doch wie noch so oft auf dieser Reise, gelingt es nicht. Es lohnt sich auf jeden Fall, bereits zu Hause ein Datenpaket zu laden.

Bagdogra – Jorethang ca. 90 km
Unterwegs von 15 – 19.30 Uhr

Fotos:
Flusstal mit Rangit | Aufforderung zum Wählen

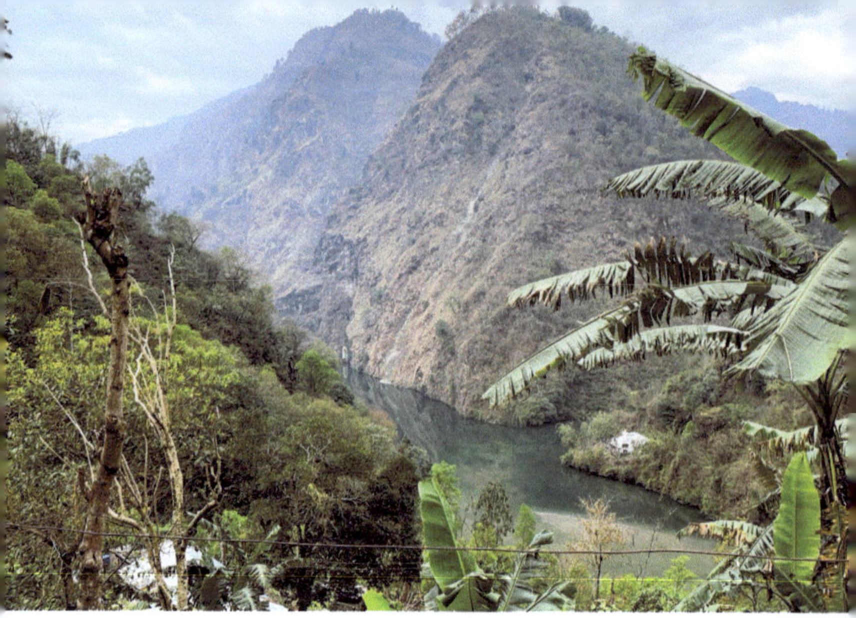

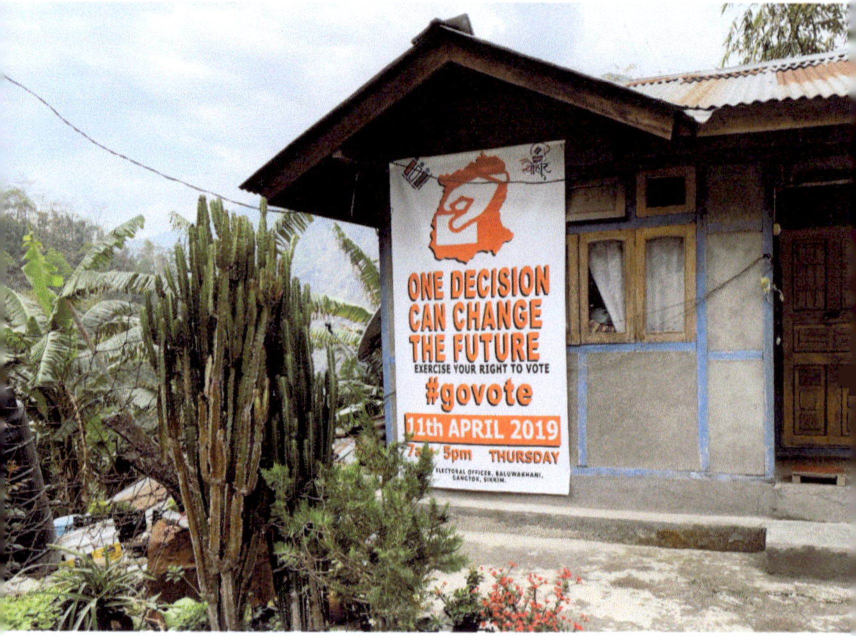
ONE DECISION
CAN CHANGE
THE FUTURE
EXERCISE YOUR RIGHT TO VOTE
#govote
11th APRIL 2019
5pm THURSDAY
ELECTORAL OFFICER, BALUWAKHANI,
GANGTOK, SIKKIM.

Tag 2: Tingmo, Legship, Tashiding Monastery, Yuksam

Unterwegs nach Yuksam

Es regnet. Das hören wir noch vor dem Aufstehen. Hinter dem Haus ist ein kleiner Hof in den Hang hinein gebaut. Er wird mit einem Schlauch ausgespritzt. Trotzdem, was wir hören, ist Regen!

Zum Frühstück geniessen wir noch einmal Buffet mit Idli (gedämpfte Reismehlküchlein), Paratha (Fladenbrot aus Weizenmehl) und anderen indischen Spezialitäten. Direkt aus der Küche wird uns hauchdünnes, gerolltes Dosa (Teig aus Linsenmehl, wie Crêpe gebacken) mit und ohne Füllung serviert.

Der alte Mann sitzt wieder in der Lobby und spielt Sitar. Er freut sich über das Trinkgeld, das ihm Brigitte gibt. Bhila, engagiert und munter wie immer, erwartet uns bereits. Er meint, er könne das Wetter nicht beeinflussen und schlage deshalb eine Anpassung des Tagesprogramms vor. Weil sich das Panorama in Pelling nur bei klarem Himmel zeigt, was heute definitiv nicht der Fall ist, werden wir direkt nach Yuksam fahren und unterwegs das Tashiding Monastery anschauen. Mit Hoffnung auf besseres Wetter, können wir Pelling am fünften Reisetag, auf dem Weg nach Kewzing, besuchen.

Heute – das freut mich sehr – werden wir in Tingmo die am Rangit liegende heilige Höhle besuchen. Schon auf meiner letzten Reise war ich fasziniert von diesem geheimnisvollen Ort. Das möchte ich Brigitte nicht vorenthalten. Es stellt sich heraus, dass auch Dipesh, unser junger Fahrer, noch nie dort war.

Um 9 Uhr fahren wir los. Zuerst führt die Strasse an Reshi vorbei. Der Ort ist Sammelstelle und Handelsplatz für Bio-Ingwer.

Aus ganz Sikkim bringen die Bauern ihre Ernte hierher. Von da gelangt sie in den Grosshandel und somit in alle Welt. Bald geht es hinunter ans Flussufer zur heiligen Höhle. Die Strasse ist so schmal, steil und steinig, dass ich mich wundere, woher die Männer die Zuversicht nehmen, hier wieder hochzukommen. Doch wir sind nicht die ersten. Dipesh wendet auf minimstem Platz. Es ist mittlerweile 10.30 Uhr.

An der Hängebrücke flattern die Gebetsfahnen in dichten Reihen. Trotz des trüben Wetters strahlen die Farben frisch und freundlich. Sie symbolisieren die fünf Elemente: Blau steht für Leere und Raum, Weiss für Luft, Rot für Feuer, Grün für Wasser und Gelb für Erde.

Ein gelber Torbogen führt zum Eingang der Höhle. Wir ziehen die Schuhe aus und schieben uns durch die erste enge Felspassage. So gelangen wir in den Bereich, der von oben etwas Licht herein lässt und dadurch hell und luftig wirkt. Ein meditierender Mönch blickt uns freundlich an. Räucherstäbchen duften. Der wirklich enge Durchschlupf kommt erst, und ich muss etwas Mut sammeln. Dipesh geht vor, dann folge ich, hinter mir Brigitte und Bhila. Wir bewegen uns tief in der Hocke, manchmal auf allen Vieren.

Am Ende des Ganges gelangen wir in den Höhlenbereich, wo Guru Padmasambhava meditiert und seine Spuren hinterlassen hat. Dieser Bereich, das stelle ich nun fest, ist viel kleiner als in meiner Erinnerung. Wir können kaum aufrecht stehen. Er symbolisiert den Uterus. Durch den engen Gang, der den Gebärmutterhals symbolisiert, gelangen wir zurück in die Welt. Der freundliche Mönch segnet uns. Wir sind heiterer Stimmung.

Draussen ziehen wir unsere Schuhe wieder an und gehen hinüber zu den heissen Quellen, die hier am Ufer sprudeln. Jung und alt, Frauen und Männer sitzen bekleidet im schwefligen Wasser. Ein junger Mann trägt seine dünne, steife Mutter – vielleicht ist es die Grossmutter – auf den Schultern ins Naturbecken und lässt sie zwischen den Badenden ins Wasser gleiten.

Wir sind Zaungäste, sitzen auf einem grossen Stein und halten die Füsse ins warme Wasser. Bhila entschliesst sich zu einem Bad. Ich höre, wie ihn ein älterer Mann beim Namen ruft.

Später frage ich Bhila, woher er den Mann kenne. Er kennt ihn nicht. Ältere Männer sprechen jüngere manchmal so an. «Bhila» bedeutet jüngerer Bruder. Nun ist mir plötzlich klar, warum sich Bhila «Bhila» nennt. Offiziell heisst er nämlich Tseten, er trägt den gleichen Vornamen wie sein älterer Bruder. Es ist hier nicht ungewöhnlich, dass man zwei Söhnen den gleichen Namen gibt. Um Verwechslungen zu vermeiden, wird der jüngere «Bhila» genannt.

Als wir am Fluss auf der Betonmauer süssen Milchtee trinken, nähert sich ein neugieriger Junge. Bhila hilft uns beim Gespräch. Der Junge ist Mönch und nicht erst neun, wie wir zuerst schätzen, sondern 13-jährig. Er schenkt uns zwei Bonbons. Am liebsten möchte ich es gleich wieder ausspucken. Der salzig-würzige Geschmack ist mir sehr fremd. Aber wie ich von Bhila erfahre: Gut für die Verdauung! Also bleibt das Bonbon im Mund.

Viele Strassen sind in schlechtem Zustand und befinden sich «Under Construction». In der Regenzeit werden sie regelmässig verschüttet. Erdrutsche sind an der Tagesordnung. Die Reparaturarbeiten sind eine nie endende Geschichte.

In Legship überqueren wir den Rangit und folgen dem rechten Flussufer in nördlicher Richtung. An den bewaldeten, steilen Hängen liegen verstreut ein paar Häuser. Die Fassaden leuchten grün, blau, manchmal rosa und violett. Wo es die Topografie zulässt, erstrecken sich terrassierte Felder zum Fluss hin. Ein grosses Plakat an einer Hausfassade direkt an der Strasse macht auf die Wahlen aufmerksam: «One Decision Can Change The Future, #govote».

Nach ein paar Kilometern gelangen wir zu einer maroden Fussgänger-Hängebrücke. Unmittelbar daneben überqueren wir den Fluss auf einer neuen Stahlkonstruktion. Die Strasse, die wir gefahren sind, ist auf der Karte nicht eingezeichnet. Es ist recht schwierig, die Distanzen abzuschätzen, da wir langsam unterwegs sind und kaum je über 30 km/h fahren.

Nur weil ich die Routen mit GPS aufzeichne, kann ich nachträglich herausfinden, wo wir durchgefahren sind. Bhila wird uns die Wegstrecken jeden Abend auf der Landkarte «Trekking & Planning Guide Map, 1:150 000, Nr. CR708» mit dem grünen Leuchtstift, den ich extra zu diesem Zweck mitgenommen habe, markieren. Darüber bin ich sehr froh.

Auf 800 m ü. M. führt ein Hügelzug zwischen Rangit und Rathong-Chu zum Tashiding Monastery. Es ist das heiligste und wichtigste Kloster in Sikkim. Hier befindet sich das berühmte Wasserorakel, ein versiegeltes Steingefäss, das sich selbst mit Wasser füllt. Einmal im Jahr wird es geöffnet, und zwar am 15. des ersten Monats des tibetischen Kalenders.

Die Höhe des Wasserstands dient der Wettervorhersage für das kommende Jahr. Wie oder woher das Wasser ins Gefäss gelangt, ist ein Rätsel. Am Tag der Öffnung pilgern Gläubige nach Tashiding, um davon zu trinken. Das wenige Wasser im Steinkrug würde jedoch nie für alle reichen, und so wird eigens für diesen Tag Trinkwasser herbeigeschafft und mit Tropfen des heiligen Wassers vermischt. Die homöopathische Verdünnung reicht für alle.

Kurz vor dem Kloster befindet sich ein kleines Holzhaus mit einem farbig bemalten Schild, das «Hotel Pema». Hier können wir essen und die Toilette benützen. Es ist bereits 14 Uhr. Der kleine Raum mit Tisch, Bank und ein paar Stühlen ist wohl für Gäste wie uns reserviert. Bhila und Dipesh essen in der Küche. An der Bretterwand hängt ein Bild des Karmapa von Rumtek, daneben ein Kalender mit dem Portrait des (noch) Chief Ministers Chamling. Links davon sehen wir eine Fotografie von vier übermütigen Jugendlichen. Sie könnten einer Musikgruppe angehören. Vielleicht tun sie es, und dies ist der Grund, dass sie hier in diesem schiefen Bilderrahmen stecken.

Schon bald bringt uns Bhila Nudelsuppe und Momos. Frisch zubereitet. Alles schmeckt wunderbar, auch der Chai Masala, der süsse Milchtee mit Gewürzen.

Als wir oben beim Kloster anlangen, ist das Nachmittagsgebet bereits beendet. Wir dürfen trotzdem in die Gebetshalle eintreten. Die jungen Mönche wischen mit kleinen Reisigbesen den Boden sauber. Die Altare werden abgeräumt und die Gaben beiseite gelegt. Das sind neben Geldscheinen auch abgepackte Snacks und Biskuits.

Bhila hat mir auf der letzten Reise erklärt, was es mit den Spenden und Gaben auf sich hat. Die Besucher bringen ausser Geld auch Lebensmittel, in Bhutan sogar Fleisch, in die Tempel. Die Naturalien werden gesegnet und danach verteilt oder wieder mitgenommen. Das abgepackte Junkfood hat den Vorteil, dass es lange haltbar bleibt. Für viele ist es eine nicht alltägliche Leckerei.

Bhila erklärt uns den Unterschied von Buddha Gautama und Guru Padmasambhava. Gautama ist der ruhige, meditierende Buddha, der zum Beispiel in Hesses «Siddhartha» beschrieben ist. Hier im Hauptraum des Tempels ist Gautama die dominante Statue und thront in der Mitte. Rechts von ihm sitzt der zweite Buddha, Guru Padmasambhava. Auf der linken Seite befindet sich nicht etwa der dritte Buddha, weil es einen solchen nicht gibt, sondern ein Buddha mit vier Händen und Köpfen. Er symbolisiert alle Wiedergeborenen und Nachfolger Buddhas.

Bhila hat mir den Namen dieses mehrköpfigen Vertreters in Sanskrit aufgeschrieben: «Avalokitesvara». Gebräuchlich ist der Name Chenrezig. Wir werden dieser Gottheit oft begegnen.

Im oberen Stock des Tempels finden wir noch einmal Guru Padmasambhava, diesmal in der Mitte. Er ist für die Gläubigen in dieser Himalajaregion der wichtigste Buddha.

Ein Mönch folgt uns still und lässt uns alles in Ruhe betrachten. Danach schiebt er das Gittertor hinter uns zu und schliesst es ab. Auch hier gibt es einen Feierabend.

Hinter dem Kloster befindet sich ein Platz mit einer riesigen Glocke und mehreren Chörten (Stupas). Der blosse Anblick dieser heiligen Stätten soll die Gläubigen von ihren Sünden befreien.

Vor zwei Jahren habe ich hier die Mauer aus Gebetssteinen fotografiert, die ein Mönch in jahrelanger Arbeit geschaffen hat. Nun stelle ich befremdet fest, dass die Mauer zur Unkenntlichkeit renoviert worden ist. Das heisst, die Fugen sind mit Zement gefüllt und die geschichteten Steine hellgrün überstrichen worden. Die eingemeisselten Schriftzeichen der Mantras leuchten in den klassischen fünf Farben. Nun ja, auch Bhila findet keine andere Erklärung dafür, als dass man die Mauer zu Ehren des vor ein paar Jahren verstorbenen Mönchs ganz besonders schön herrichten wollte.

Nun beginnt es zu regnen. Leider haben wir die Schirme nicht mitgenommen. Dipesh wartet im Auto. Bhila ruft ihn an. Er soll sie bringen. Ich bekomme meinen gelben Knirps in die Hand gedrückt, Brigitte erhält einen hellblauen. Als sie ihn öffnet, lachen die Männer. Brigitte macht Wahlwerbung für die SDF. Das aufgedruckte Logo der Partei ist ein kleiner dreifarbiger Regenschirm.

Etwas abseits streiten sich vier Hunde um Junkfood. Einem gelingt es, eine Biskuitrolle in Sicherheit zu bringen. Geschickt öffnet er sie mit Pfoten und Zähnen. Er tut es definitiv nicht zum ersten Mal. Wir ziehen den Schluss, dass auch Wesen wie diese Hunde in den Genuss gesegneter Gaben kommen. Bhila bestätigt unsere Vermutung.

Es ist bereits 16 Uhr. Auf gleichbleibender Höhe fahren wir einen Hügelzug entlang. Der Himmel ist heller geworden. Uns bietet sich ein fantastischer Rund- und Überblick. Ein leuchtendes Dach, ein rotes Gebäude, weit entfernt und kaum zu erkennen, dort wird unser Weg vorbeiführen. Weit zurück auf dem kegelförmigen Berg liegt das eben besuchte Tashiding Monastery. In der Ferne sehen wir den goldenen Buddha von Ravangla, auf einem anderen Hügelzug die erst 2018 fertiggestellte Chenrezig-Statue bei Pelling. Beide nehmen auf Sikkims Bergrücken prominente Plätze ein und sind weit herum sichtbar.

Etwas nach 17 Uhr erreichen wir Yuksam, den Gründungsort Sikkims. Mit etwas mehr als 4000 Einwohnern liegt er auf einem abgeflachten Hügel auf 1800 m ü. M. Die Zufahrtstrasse zu unserem Hotel ist «Under Construction». So gehen wir halt zu Fuss. Der Regen hat den Boden aufgeweicht. Gut, dass wir Wanderschuhe tragen. In der Steinhütte, kurz vor dem Eingangstor zum Hotelgarten arbeitet ein Mann an der Nähmaschine. Ein schmaler, von Blumen gesäumter Weg führt zum Hotelgebäude. Unzählige bekannte und unbekannte Blumen, blühende Sträucher und Büsche verführen uns erst einmal zum Fotografieren. Wunderschön!

Die Tür des weissen dreistöckigen Backsteinhauses mit Ziegeldach steht weit offen. Im gemütlich eingerichteten Aufenthaltsraum im ersten Stock werden uns Chai Masala und Gebäck serviert. Schön ist es hier. Ein kleiner Junge rennt um uns herum.

Zum Hotel gehört eine spannende Familiengeschichte. Der Besitzer, ein zugewanderter Nepali, ist von Beruf Schreiner und verheiratet mit einer einheimischen Frau. Die Kinder haben im Ausland studiert und sind dort geblieben. Mit dem Geld, das sie nach Hause schicken, konnte das Hotel gebaut werden.

Die Zimmer sind mit Holz ausgekleidet und geschmackvoll eingerichtet, die Textilien stammen jedoch nicht von hier. Das Elefantenmotiv der Bettdecke mit den kleinen eingenähten Spiegeln weist auf Südindien hin. Toilette, Dusche mit Boiler, alles funktioniert. Auf dem Tisch liegt ein hellgraues Filzset. Ich wende es. Auf dem Etikett steht Ikea.

Wenn der Strom ausfällt, schaltet sich das Notlicht ein, was ein paarmal passieren wird. Auch WLAN ist verfügbar. Wir loggen uns über den Hotspot der Gastgeberin ein.

Das Abendessen wird im traditionellen Messingteller serviert: Gemüse in Bio-Qualität aus dem eigenen Garten mit Reis und Linsen. Dazu trinken wir heisses Wasser. Das Einzige, was mein Wohlgefühl etwas beeinträchtigt, ist die Temperatur, es ist drinnen wie draussen etwa 15 °C. Doch welch eine Überraschung, wir bekommen eine Bettflasche mit ins Zimmer.
    Mit warmen Füssen ist die Welt in Ordnung. Nun braucht es für einen guten Schlaf noch Ohrstöpsel. Tagsüber liegen die Hunde faul herum, doch nachts sind sie in Hochstimmung.

Jorethang – Yuksam ca. 64 km
Unterwegs von 9 – 17 Uhr

Fotos:
Gebetsfahnen für die Verstorbenen | Butterfiguren im Tashiding Monastery

29

Tag 3: Yuksam: Dubdi Monastery, Bio-Farm

Bio-Farm auf über 2000 Meter Höhe

Von meinem Zimmerbalkon aus blicke ich auf den Garten hinunter. Auf dem dichten Rasen, der sich unter den Füssen wie gepolstert anfühlt, stehen zwei kleine Tische, gedeckt fürs Frühstück.

Die Sonne scheint, es ist angenehm frisch. Müesli, Toast und Omelette sind mir fast etwas zu langweilig, es gibt sicher schmackhaftere lokale Varianten. Zwei Touristinnen, die ebenfalls hier übernachtet haben, verabschieden sich. Sie befinden sich auf der Heimreise. Den Norden haben sie bei Kälte und Schneefall erlebt.

Bhila spaziert mit uns durch Yuksam zum Norbugang Chörten, dem Gründungsplatz Sikkims. Hier wurde 1642 der erste König, Chogyal Phuntsok Namgyal, von drei Lamas gekrönt. Unter der riesigen Zeder, die aus jener Zeit stammen soll, steht sein Thron aus geschichteten Steinen.

Am Rand des Areals zeigt uns Bhila den Eingang zu einem labyrinthartigen Tunnelsystem aus früheren Zeiten, das unter Yuksam hindurchführt. Aus Sicherheitsgründen ist es nicht mehr zugänglich.

Danach besuchen wir den dunkelbraunen Buddha mit den weissen Haaren, der, nach vielen Jahren im Bauch der Mutter, als erwachsener Mann zur Welt kam und nie älter wurde. Es gibt die Legende, dass eine junge Frau, die ihn verehrte und ihn im Lauf ihres Lebens immer wieder besuchte, eines Tages anfing, damit zu hadern, dass sie selbst alterte, er jedoch jung blieb. Sie glaubte einen Dämon vor sich zu haben und verwünschte ihn. Was mit der Frau danach geschah, hat mir Bhila nicht erzählt.

Nun will er uns den Stall zeigen, den er seit meinem letzten Besuch gebaut hat. Wir wandern durch die üppige Landschaft, vorbei an kleinen grün und blau gestrichenen Häusern mit Maiskolben unter dem Dach und vielen Blumentöpfen rundum. Der Stall steht am Hang, wie alles in diesem Land. Deshalb ist ein Fundament aus Zement wichtig. Zement wird hier selber hergestellt, angefangen mit dem Zerkleinern grosser Steine bis hin zum Zerklopfen zu feinem Sand.

Die acht Säulen, die das Dach tragen, sind nicht einfach rund, sondern gerippt, was hübsch aussieht. Die Dachkonstruktion aus Holzbalken ist mit Wellblech gedeckt. Im Stall angebunden stehen zwei Kühe, ein Rind und zwei Kälber. Die Kühe sind Kreuzungen der Rasse Jersey mit lokalen Tieren. Die Kälber stammen von einem Bullen, der mehr Jerseyblut besitzt als die Mütter. Ziel ist es, Kühe mit möglichst hohem Jersey-Anteil zu züchten, damit sie mehr Milch mit einem höheren Fettanteil geben. Zwölf Liter pro Tag ist im Vergleich mit der Menge unserer Hochleistungskühe immer noch bescheiden.

Eine Holstein-Kuh, die Bhila in Kalimpong gekauft hat, ist gestorben. Diese Rasse gäbe etwas mehr Milch. Eine solche Kuh kostet gern INR 60 000. Das ist eine grosse Investition. Der Tierarzt vermutet, dass das Tier das Klima nicht verkraftet hat. Eine Versicherung abzuschliessen, hat Bhila leider versäumt. Das hätte etwa INR 15 000 gekostet. Vielleicht hat ihm das Geld gefehlt oder er hat einfach nicht daran gedacht, dass die Kuh so schnell sterben könnte.

Doch nun scheint es gut zu laufen. Die Kühe geben zwar nicht so viel Milch, wie in seinem Business-Plan vorgesehen, aber Bhila kann sie an Familien in der Nachbarschaft verkaufen. Wie bei uns, bietet auch hier der Direktverkauf die grössere Marge.

In der bergigen Landschaft können sich die Tiere nicht frei bewegen. Sie bleiben angebunden. Es fehlen die weiten Flächen, die zum Weiden nötig wären. Alles ist steil und bewaldet. Mangels Grases fressen die Kühe Blätter von bestimmten Baumsorten, die täglich frisch gesammelt werden. Als Ergänzung bekommen sie Suppe, die aus Wasser mit Trester von Senfsamen, Bananenstauden oder Reisheu, Feigenbaumblättern, Gras, Maismehl oder Azola (Farnart) und Salz gekocht wird. Es ist eine Zusatznahrung, die variieren kann. Wichtig ist, dass sie den Kühen schmeckt.

Bhilas nächstes Projekt ist die Wasserzufuhr zum Stall. Vorläufig muss das Wasser täglich in Eimern herbei getragen werden.

Oberhalb des Stalls begegnen wir Tshering, einem Nepali, der das Füttern der Tiere übernimmt, wenn Bhila mit Gästen unterwegs ist. Futtersammeln ist eine strenge und zeitintensive Arbeit. Männer und Frauen schneiden und bündeln Äste und Stauden, binden sie an einem Ende zusammen und stülpen sie sich über den Kopf, die Träger verschwinden unter dem Grünzeug. Man sieht nur die Waden und Füsse. Wir werden solchen wandelnden «Schöchli» oft begegnen.

Dort, wo Bhilas Familie beim Erdrutsch von 2011 das Haus verloren hat, steht ein weiterer Stall mit einer Kuh, einer kräftigen schwarzen, die ebenfalls ein Kalb geboren hat. Das Kalb ist sehr zutraulich und wir merken, dass es Bhilas Liebling ist. Doch das Tier gibt ihm ein Rätsel auf. Obwohl es von einer kohlrabenschwarzen Mutter und einem ebensolchen Erzeuger mit viel Jerseyblut stammt, hat es einen weissen Fleck auf der Stirn und gescheckte Beine.

Und nun die kuriose Geschichte dazu: Man sagt, dass wenn eine Frau schwanger ist und sie einen fremden Mann zu lange anschaut, das Kind diesem gleichen wird. Wir verstehen nicht sofort, was uns Bhila mit der Geschichte sagen will, und lachen über die Zweideutigkeit dieses Aberglaubens.

Aber nein, Bhila meint, es könnte durchaus sein, dass an den weissen Flecken und rötlichen Ohren des Kalbes ein bestimmter Hund schuld sei, der sich ständig im Stall herumgetrieben habe. Ich frage Bhila ganz direkt, ob er das wirklich im Ernst glaube. Er lacht, «nein nicht wirklich – aber es könnte ja trotzdem so sein.»

Wir gehen durch den Gemüsegarten zum Geräteschuppen. Im Hof liegen dunkelroter Amarant und fermentierter Spinat zum Trocknen auf Blachen verteilt. Einmachgläser mit Gemüsen werden zum Fermentieren in die Sonne gestellt. Selbstversorger zu sein, bedeutet, Tag für Tag, vom frühen Morgen bis zum späten Abend sehr viel Arbeit zu verrichten. Die Möglichkeit, auf eine andere Art zu leben, gibt es hier praktisch nicht. Auch Berufstätige bewirtschaften täglich ihre Gärten.

Auf unserem weiteren Spaziergang kommen wir zum Khangchendzonga-Nationalpark-Center. Es ist bereits Mittag und Bhila besorgt uns zwei Tassen Chai. Weil uns die Zeit davonrennt, schlägt er vor, zum Dubdi Monastery hinauf zu fahren.

Vom Auto aus gelangen wir über einen kurzen Fussweg zum Kloster. Vor der Besichtigung wollen wir essen. Bhila und Dipesh zaubern kleine zusammensteckbare Campingstühle aus ihren Rucksäcken und stellen sie unter den Bäumen im Klostergarten auf. Wir staunen. Es ist uns fast peinlich, so verwöhnt zu werden.

Im Thermobehälter befindet sich ein Gericht aus Kartoffeln mit Knoblauch und Zwiebeln, gewürzt mit schwarzem Kümmel. Zum Dessert essen wir Bananen und Orangen. Alles schmeckt wunderbar.

Das Dubdi Monastery, 1701 erbaut, ist Sikkims ältestes Kloster und mittlerweile sorgfältig renoviert. Die schweren Beschädigungen durch das Erdbeben im Jahr 2011 sind nicht mehr sichtbar. Im hinteren, kleineren und älteren Tempel macht uns Bhila auf eine Gottheit mit Vampirzähnen aufmerksam. Wir werden solchen furchteinflössenden Schutzgottheiten noch ein paarmal begegnen.

Auf dem Weg zurück zum Auto besuchen wir die kleine Klosterschule. Anders als bei meinem Besuch vor zwei Jahren, sind heute die Kinder und der Lehrer anwesend. Acht Knaben unterschiedlichen Alters in dunkelroten Mönchsroben sitzen am Boden auf roten Matten und beobachten uns aufmerksam.

Bhila hat für die Kinder einen Fussball und einen Frisbee mitgebracht. Auch wir legen unsere Geschenke, Farbstifte und Würfel, auf das Lehrerpult. Den Kindern ist nicht anzumerken, ob sie sich freuen.

Der Lehrer zeigt uns Schulbücher. Ein Schüler bringt sein Heft mit Schriftzeichen nach vorne. Wahrscheinlich sind es tibetische.

In der Schulküche brennt ein Feuer im Lehmherd. Täglich kommt jemand vom Dorf hier hoch, um zu kochen. Der Staat übernimmt die Kosten für eine Mahlzeit pro Tag. Die anderen Mahlzeiten werden durch Spenden ermöglicht. Einzelne Personen und Institutionen engagieren sich dafür.

Wir dürfen einen Blick in die Schlafzimmer werfen. Es sind Zweierzimmer, pro Bett zwei Wolldecken, ein Nagel an der Wand und ein kleines Brett als Ablage. Brigitte ist schockiert, was ich nachfühlen kann. Hier leben die ärmsten aller Kinder. Einige bleiben auch in den Ferien da, weil das Geld für die Heimreise fehlt.

Unser nächstes Ziel ist die Bio-Farm. Wir freuen wir uns auf die bevorstehende Wanderung und blicken ihr zuversichtlich entgegen. Es ist sonnig und warm. Der steile Aufstieg lässt uns so richtig schwitzen. Wir erreichen eine Plattform mit zwei Häusern und geniessen den Blick in die weite, hügelige Landschaft. Bhila unterhält sich mit den Bewohnerinnen. Wir dürfen den winzigen Säugling bewundern, den eine der jungen Frauen im Arm hält.

Der schmale, steinige Pfad führt immer höher hinauf. Einmal entdecke ich glänzende Bohrhaken im Fels. Die jungen Leute, die in Yuksam die Ausbildung zum Trekking-Guide absolvieren, üben Klettertechnik und Seilhandhabung in diesem

Gelände. Immer wieder bleiben wir stehen und betrachten die vielen verschiedenen Pflanzen. Bhila kennt alle, die essbaren und heilenden. Es gibt Heilpflanzen für die Reinigung der Leber, für schmerzende Kniegelenke, zum Stillen von Blut, fürs Zahnfleisch und gegen Vitaminmangel. Er hat das alles von seinem Grossvater gelernt. Ein mündlich überliefertes Erbe.

Endlich erreichen wir unser Ziel, die Bio-Farm auf 2100 m ü. M. Die steilen terrassierten Hänge sind mit vielen Sorten von Gemüse, Blumen, Getreide und Kartoffeln bepflanzt.

Sikkim wurde im Jahr 2016 zum «Organic State» erklärt. Kunstdünger, Pestizide und Gentechnik sind seither gesetzlich verboten.

Oberhalb des Hauses lesen ein paar Frauen die grossen Steine aus der Erde und deponieren sie am Rand des Ackers. Stück für Stück wird das Land urbar gemacht. Eine unvorstellbar harte Arbeit für uns Zuschauer aus dem Westen. Die Frauen sind jung, hübsch angezogen, tragen Brille und Lippenstift. Rot gefärbte Haare oder Strähnen sind zurzeit Mode. Bhila und Dipesh bilden da keine Ausnahme.

Der Bauer ist ein kleiner, sehniger Mann mit einem ruhigen und freundlichen Gesicht. Solch goldfarbene Gummistiefel, wie er sie trägt, werden wir noch oft zu sehen bekommen. Er schenkt Bhila ein paar Broccoli.

Nun geht es auf dem schmalen Pfad wieder abwärts. Es ist bereits 16 Uhr. Am Wegrand entdecke ich eine Installation, deren Funktion mir nicht gleich klar ist. Ein Stück Bambusrohr von einem Meter Länge steckt senkrecht in der Erde. Durch einen Schlauch, der durch ein Loch ins Bambusrohr führt, fliesst Wasser hinein. Etwa 20 cm tiefer, durch einen zweiten Schlauch, fliesst das Wasser talseitig heraus.

Als ich Bhila frage, wozu das dient, erklärt er mir, wie ein Druckventil funktioniert. Wird das Wasser weiter unten, wo es gebraucht wird, gestoppt, zum Beispiel indem der Hahn zugedreht wird, bildet sich im Bambusrohr eine Wassersäule, das überschüssige Wasser fliesst ab. Ich staune, mit welch einfachen Hilfsmittel die Wasserzufuhr reguliert werden kann.

Auf dem steilen Weg kommen uns Schulkinder zu zweit, zu dritt und in kleinen Gruppen entgegen. Ein Mädchen weint, es leidet offensichtlich unter Bauchschmerzen. Die andern tragen ihm die Schultasche. Bhila kümmert sich um das Kind und fragt, warum es nicht gleich unten ins Spital gegangen sei. Es will zuerst nach Hause, um die Eltern zu fragen. Hier sucht man normalerweise zuerst den Schamanen auf und geht erst danach, wenn die Behandlung nicht geholfen hat, zum Arzt.

An diesem steilen Weg gibt es ab und zu Unterstände mit Bänken, die mich an Bushaltestellen erinnern. Gerade setzen sich ein Junge und ein rotwangiges Mädchen hin. Ich frage Bhila, worauf die Kinder warteten. Wie oft ist seine Erklärung einfach: «Sie ruhen sich aus.» Natürlich, ich hätte selber darauf kommen können. Die Kinder tragen ihre schweren Schultaschen den steilen Weg hinauf, das ist anstrengend.

Je näher wir Yuksam kommen, desto dichter stehen die Häuser umgeben von ihren Topfplantagen und üppigen Gärten beisammen. Wäsche hängt an Leinen, Hunde streunen, Ziegen meckern, da und dort eine Kuh, die uns nachblickt.

Zurück im Hotel trinken wir Tee und besprechen den nächsten Tag. Aus einer warmen Dusche wird vorläufig nichts. Stromausfall. Im Essraum geht es lebhaft zu und her. Eine südkoreanische Familie mit einigen Kindern ist eingetroffen. Es gibt Momos, Nudelsuppe und Gemüse. Später steigen wir mit Bettflasche und Thermoskrug hinauf in unsere Zimmer.

Wanderung in Yuksam ca. 13 km
Unterwegs von 9 – 17 Uhr

Fotos:
Blick auf Yuksam | Biobauer mit Broccoli für Bhila

37

Tag 4: Yuksam: Wanderung Khangchendzonga Trek

Schnuppertrekking

Auch heute frühstücken wir draussen. Doch die Wirtin führt uns zuerst aus dem Garten hinaus und etwas den Hang hinauf. Am wolkenlosen Himmel zeigt sich blendend weiss der Nordkabur. Ein prächtiger Anblick.

Als wir zurück am Tisch sind, überrascht uns die Wirtin mit Roti aus Buchweizenmehl, nahrhaft und gleichzeitig schmackhaft, das können wir heute brauchen.

Ein froh gelaunter Bhila holt uns ab. Um 9.30 Uhr wandern wir los. Es ist warm. Sonnenbrille und Hut sind angesagt. Beim Khangchendzonga-Nationalpark-Center, wo die Trekking-Route beginnt, gibt es zuerst einmal Chai. Ich muss mich wieder daran gewöhnen, dass die Zeit unwichtig ist und es kein Ziel zu erreichen gibt. Wir nehmen unsere faltbaren Wanderstöcke hervor. Bhila und Dipesh setzen sie zusammen, weniger um zu helfen, als uns zu zeigen, wie geschickt sie das können. In der Nähe tummeln sich Jugendliche in Sportschuhen, einige mit Rucksäcken. Sie versammeln sich um ihren Lehrer.

Auf dem schmalen Pfad kommen uns schwer bepackte Trekker entgegen. Das Gewicht ihrer Rucksäcke wird gegen 15 kg betragen. Es herrscht reger Betrieb. Schwarze und weiss gefleckte Dzos, beladen mit Säcken voll Reisheu, überholen uns. Das Dzo ist eine Kreuzung von Yak und Kuh. Es eignet sich zum Transportieren von Lasten. Im Gegensatz zu den Yaks ertragen die Dzos das Klima unterhalb von 4000 m ü. M. sehr gut. Der Treiber trägt eine Wollmütze, ein schwarzes Poloshirt, eine um die Hüfte gebundene Jacke, Jeans und goldfarbene Gummistiefel.

Bhila erklärt uns, dass die sportlichen jungen Männer, die uns zu zweit oder zu dritt entgegenkommen, heute früh im Tsokha-Camp auf 3000 m ü. M. gestartet sind. Sie absolvieren ein Training, das zur Ausbildung von Trekking-Guides gehört. Es geht darum, den anspruchsvollen Marsch mit vollem Equipment zu absolvieren, inklusive Helm, Schlafmatte und Kochutensilien. Einige legen ein beachtliches Tempo vor. Nicht alle sind auf diesem letzten Kilometer gleich fit. Später sehen wir solche, die humpeln und offensichtlich Blasen an den Füssen haben. Gute Schuhe sind Mangelware.

Die Jugendlichen sind vor uns gestartet. Bei der ersten Brücke machen sie Pause. Ein Mädchen fragt uns nach den Namen und woher wir kommen. Der Lehrer schlägt ihm vor, uns um ein Interview zu bitten. Es stellt uns ein paar Fragen und notiert die Antworten in sein Heft. Der Lehrer erklärt uns, dass es ein Anliegen seiner Schule sei, solche Ausflüge ganzheitlich zu gestalten, kleine Projekte wie dieses Interview gehörten dazu. Seine Klasse ist mit Zug und Minibus aus Kolkata angereist und wird hier vier Tage unterwegs sein.

Die vielen Treppenstufen auf unserem Weg erinnern mich an die Trekking-Trails in Nepal. Die Breite ist so, dass Tragtiere kreuzen können. Immer wieder kommen uns Treiber entgegen, manchmal mit Dzos, manchmal mit Pferden, wahrscheinlich sind es Maultiere. Hier werden sie Ponys genannt. Und immer wieder entdecke ich goldfarbene Gummistiefel.

Ich frage Bhila, ob es einen Grund dafür gebe, dass man hier immer das gleiche Modell sehe. «Man trägt sie, weil sie praktisch sind», lautet seine Antwort. Er nennt die Farbe nicht golden sondern gelb. Es braucht Zeit, bis sich die Füsse an die Stiefel gewöhnt haben und keine Blasen mehr entstehen. Wenn es kalt ist, polstert man sie mit Gras aus. Meine Frage, warum sie nicht silbern oder grün sind, bleibt unbeantwortet. Wahrscheinlich stammen sie aus einer Massenproduktion. (Aber wer stellt ausgerechnet Tausende von goldfarbenen Gummistiefeln her? Importware aus China?)

Wir bleiben ab und zu stehen, betrachten die Pflanzen, die vielen verschiedenen Farne und wilden Orchideen. Bhila trifft immer wieder Bekannte, grüsst sie per Handschlag und wechselt ein paar Worte.

Bei der zweiten Brücke, es ist mittlerweile 13 Uhr, packen wir den Lunch aus. Das Hotel hat uns einen Thermobehälter mit Essen mitgegeben. Pasta mit Gemüse. Der Mann der Wirtin arbeitet das Jahr über in Italien. Zurzeit ist er auf Heimurlaub und hat für uns gekocht.

Bhila klettert zum Fluss hinunter. Für uns ist das Gelände zu steil. Vielleicht gelingt es ihm, einen Frosch zu fangen, der als Delikatesse gilt. Von der Brücke aus beobachte ich, wie er auf den vom Wasser glatt geschliffenen Steinen herumklettert und mit der Hand in die Zwischenräume greift. Er hat kein Glück. (Zum Glück!)

Als ich zu Brigitte zurückkehre, ist sie nicht mehr allein. Neben ihr sitzt ein junger Träger. Den grossen geflochtenen Tragkorb hat er hinter sich auf der Mauer platziert. Er wirkt erschöpft und irgendwie verzweifelt. Der Korb ist mit Rucksäcken beladen. Ich bin mir sicher, dass er mehr als die erlaubten 30 kg wiegt.

Inzwischen ist Bhila wieder die Böschung hinauf geklettert und redet mit dem Jungen. Wir erfahren, dass seine Kunden einer grösseren Gruppe angehören, unterwegs krank geworden sind und umkehren mussten. Nun begleitet er sie zurück bis Yuksam. Sie wandern so langsam, dass er immer wieder warten muss. Er selber stammt aus Darjeeling und arbeitet zum ersten Mal als Träger.

Dass der Anfang hart ist, weiss Bhila aus eigener Erfahrung. Er zeigt uns, wie man das Trageband an die Stirn legt und die Last hochhebt. Ich probiere es ebenfalls, bin jedoch nicht fähig, den Korb auch nur einen Zentimeter anzuheben. Bhila vermutet, dass er gegen 40 kg schwer ist. Und dann schimpft er ein bisschen über die unvernünftigen indischen Touristen, die glauben, man könne ohne Akklimatisierung einfach mal auf 4000 m ü. M. hinauf spazieren.

Das Schicksal des jungen Mannes, der noch keine 18 Jahre alt ist, beschäftigt uns eine Weile. Er ist überfordert mit der schweren Last, darin sind sich Brigitte und ich einig. Bei der letzten Brücke machen wir noch einmal Pause. Wieder sitzt er dort und wartet. Wir beraten uns mit Bhila. Er findet unseren Vorschlag, ihm INR 2000 zu geben, in Ordnung. Das Gesicht des Jungen hellt sich auf, er freut sich sehr über unsere Zuwendung.

Erst nachher erfahren wir, dass ein Träger 500 Rupien pro Tag verdient. Dadurch, dass der Junge mit seinen Gästen vier Tage früher als geplant umkehren musste, wird er vier Tageslöhne weniger erhalten. Was wir als Zufall betrachten, wird hier ganz eindeutig dem Karma zugewiesen.

Vor zwei Jahren, bei meinem letzten Aufenthalt hier in Yuksam, fotografierte ich ein Haus mit besonders schönen Blumentöpfen. Die Hausfrau zeigte mir daraufhin ihren Gemüsegarten und schenkte mir zwei Baumtomaten. Später kaufte ich Tee in Darjeeling und bat Bhila, ihn der Frau als kleines Dankeschön zu überbringen. Da im Buch «Unterwegs in Sikkim» das Haus abgebildet ist, hat Bhila nun die Idee, der Familie ein solches Buch zu schenken. Das Haus befindet sich nicht weit vom Hotel. So gehen wir hin.

Das Geschenk verursacht ungläubiges Staunen und bereitet zugleich grosse Freude. Ein gemeinsames Foto gehört dazu, und natürlich erhalte ich nochmals zwei schöne, glänzende Baumtomaten.

Um 18.30 Uhr sind wir bei Bhila zu Hause zum Essen eingeladen. Als jüngster, unverheirateter Sohn lebt er bei seiner Grossfamilie. Der Vater ist früh gestorben. Seine Schwester, die als Lehrerin arbeitet, hat nach dem Erdbeben mit einem Kredit des Staats ein neues Haus gebaut. Bhila drückt es so aus: «Die Schwester sorgt für die Familie, wie es ein Vater tun würde.»

Bhilas Mutter, seine Schwester, die Schwägerin und zwei Mädchen begrüssen uns. Die Männer sind abwesend. Sie nehmen an einer Zeremonie teil, die für einen verwandten Mönch, der ins Parlament gewählt werden möchte, veranstaltet wird. Einer der 32 Abgeordneten-Sitze gehört jeweils einem Vertreter der buddhistischen Gemeinschaft.

Bhilas 6-jährige Nichte hat sich für unseren Besuch hübsch angezogen. Sie trägt ein ärmelloses, rotes Tüllkleidchen mit einer Stoffblume am Bund. Im Gegensatz zu uns scheint sie trotz der nackten Arme und Beine nicht zu frieren. Oder vielleicht nimmt sie es zur Feier des Tages in Kauf. Neugierig begleitet sie uns auf Schritt und Tritt.

Zuerst trinken wir in der guten Stube Chai und essen Puffreis dazu. Bhilas Schwester leistet uns etwas Gesellschaft. Wir unterhalten uns auf Englisch. Für die andern Frauen ist die Sprache eine Hürde. Das kommt zu der sympathischen Zurückhaltung hinzu.

Dann zeigt uns Bhila das Gebetszimmer des Hauses. Sieben Schalen mit Wasser stehen auf dem Altar. In einem Blechkasten brennt ein Butterlicht, das durch die aufsteigende Wärme die darauf befestigte Gebetsmühle dreht. Früchte, Pfauenfedern, Stoffbänder, Schüsseln, Gefässe und Bücher, alles, was für Zeremonien gebraucht wird, findet sich hier.

Auf dem kleinen Tisch rechts vom Altar steht das Portrait des Rinpoche, der nach 25 Jahren Haft aus Tibet heimkehren konnte und letztes Jahr hier in Yuksam gestorben ist.

Wieder zurück in der guten Stube, wo sich auch der Fernseher befindet, serviert uns Bhila das Essen. Brennesselsuppe, die zum Reis gemischt wird, Broccoli von der Bio-Farm, weisser Käse, hergestellt aus der Milch seiner Kühe, Pouletstücke an einer würzigen Sauce, eine Paste aus Baumtomaten und Chili. Alles schmeckt sehr gut. Doch wir essen, wie es hier Sitte ist, allein. Bhila und seine Schwester schauen, dass es uns an nichts fehlt.

Nach dem Essen heisst es aufbrechen. Wir gehen in die Küche, wo alle versammelt sind, und bedanken uns. Sie freuen sich über die kleinen Geschenke, die wir mitgebracht haben: Schokolade, Duftseifen für die Frauen und Farbstifte für die Kinder.

Dipesh, der ebenfalls in der Küche gegessen hat, fährt uns ins Hotel zurück. Obwohl ich weiss, dass Besuche so ablaufen, bin ich doch irgendwie ernüchtert. Der gesellschaftliche Teil findet vor dem Essen statt. Gastgeber oder Gastgeberin setzt sich zu den Gästen (meistens nur eine Person, manchmal wird abgewechselt) und man redet ein bisschen miteinander. Danach werden die Gäste verpflegt. Es wird erwartet, dass man nach dem Essen aufsteht und geht.

Die zwischenmenschliche Wärme, die mir hier so gefällt, die ich auch an andern Orten in Indien oft erlebt habe, entsteht ungeplant, beim Wandern oder Spazieren, wenn man irgendwo stehen bleibt, mit jemandem redet, jemanden anlächelt oder im Auto, wenn sich ein Gespräch einfach so ergibt. Essen, sich verpflegen oder als Gast bewirtet werden, ist eine nüchterne Angelegenheit.

Wanderung in Yuksam ca. 12 km
Unterwegs von 9.30 – 16.15 Uhr

Fotos:
Khangchendzonga Trek | Fassade eines Bhutiahauses

Tag 5: Khecheopalri Lake, Pelling, Kewzing

Wiedersehen in Kewzing

Heute liegt eine vielversprechende Strecke vor uns. Das Wetter ist schlechter als erwartet, der Himmel voller Gewölk. Mal schauen, wie es sich im Laufe des Tages entwickelt.

Das Frühstück im Garten lässt sich gut an. Roti aus Hirsemehl, leicht gesüsster Porridge mit Weinbeeren. Zudem wecken zwei französische Touristen unsere Neugier. Sie wollen zu Fuss zum Dubdi Monastery wandern. Dazu benützt die Frau einen Wanderstab, der Mann trägt eine Pelzmütze wie Alexandra David-Néel, die Tibetforscherin in ihrer Verkleidung als Bettelweib.

Um 9 Uhr holt uns Bhila ab. Bevor wir Yuksam verlassen, möchte er uns sein Familienhaus bei Tageslicht zeigen. Die Fassade ist in einem kühlen, kräftigen Grün gestrichen, die Brüstungen braunrot und die Fensterrahmen weiss. Blumen blühen in Töpfen, wo immer es Platz dafür gibt.

Der Schuppen hinter dem Haus dient als Tierfutterküche. Hier entdeckte die Hausfrau vor ein paar Jahren einmal einen schlafenden Bär. Er hatte alle Vorräte gefressen und mehrere Liter Hirsebier gesoffen.

Auf dem Platz davor stehen zwei umgestülpte Körbe, darunter eine Schar frisch geschlüpfter Küken. Etwas abseits grunzt und schmatzt ein kleines schwarzes Schwein. Es wird gemästet, um dann verkauft zu werden. Im Innern des Schuppens hockt ein brütendes Huhn in einer Kiste. Am Dachbalken hängt ein Drahtkorb mit frischen Eiern. Bhila demonstriert uns, wie das Butterfass funktioniert. Es gibt so viele Sachen anzuschauen, Feuerstelle, Werkzeuge, Töpfe, Vorräte …

Heute betreten wir das Wohnhaus von hinten und gelangen direkt in den zweiten Stock. Auf der schmucken Veranda trinken wir Tee und probieren etwas von der frischen Buttermilch. Puffreis ist eine beliebte Beilage. Bhilas Schwester erklärt uns, wie er gemacht wird. Bevor man die Reiskörner röstet, weicht man sie eine Stunde lang in Wasser ein und legt sie dann an die Sonne. Nur so springen sie auf und werden knusprig.

Neben ihrem Lehrerinnenberuf ist Bhilas Schwester auch als Sängerin von traditionellen Liedern bekannt. Aus diesem Anlass reiste sie ein paarmal nach Bhutan. Davon erzählt sie uns nun.

Es ist 10 Uhr, als wir den schönen Ort verlassen und Richtung Pelling fahren. Beim Kanchenjunga-Wasserfall legen wir eine erste Pause ein. Die Attraktion zieht viele indische Touristen an. Über Stege gelangt man zu einer Tyrolienne, die über das Gelände führt. Es sieht aus, als wäre sie schon länger nicht mehr in Betrieb.

Die Strasse führt lange Zeit auf gleichbleibender Höhe den Hügeln entlang. Es ist fast Mittag, als wir beim Khecheopalri-See Tee trinken. Der heilige See ist für Buddhisten und Hindus gleichermassen Anziehungspunkt. Wie die meisten kaufen wir Fischfutter, ziehen die Schuhe aus und gelangen über die gedeckte Brücke ans Wasser. Dort knüpfen wir die Kata, die wir von Bhilas Familie zum Abschied bekommen haben, zwischen viele andere ans Geländer. Die Kata (auch Khata) ist ein Zeremonienschal, meistens aus weisser Seide, und wird bei vielen Gelegenheiten überreicht. Man kann sie behalten, gelegentlich weitergeben oder an geeigneter Stelle, bei heiligen Stätten, Tempeln oder in der Natur in den Wind knüpfen.

Als wir den Steg verlassen, entdecke ich bekannte Gesichter. Die Jugendlichen, die gestern auf dem Trekking Trail unterwegs waren, sind von Yuksam hierher gewandert. Um 7 Uhr sind sie abmarschiert. Eine reife Leistung. Ich gratuliere.

Im Nachhinein schaue ich auf der Karte die Wanderstrecke an. Nun ist mir klar, warum sie oft begangen wird. Von Yuksam führt ein Fussweg direkt hinunter zum Fluss und auf der andern Seite wieder bergwärts zum Khecheopalri-See. Die Distanz beträgt etwa 12 km. Mit dem Auto hingegen fährt man mangels Brücke den Hängen entlang und ist gut und gerne 30 km unterwegs.

Unser nächstes Ziel ist Pelling. Um 13.30 Uhr treffen wir dort ein. Da wir ziemlich hungrig sind, führt uns Bhila in ein kleines Lokal. Der hintere, dunkle Teil des Restaurants behagt uns nicht. Wir möchten uns lieber ans Fenster setzen mit Ausblick auf die Strasse. Selbstverständlich dürfen wir das, es ist kein Problem, doch es zeigt mir wieder einmal die kulturellen Unterschiede. Frauen platziert man möglichst unsichtbar.

Nun sitzen wir am halb geöffneten Fenster im Luftzug. Alles kann man nicht haben. Das vegetarische Reisgericht schmeckt ausgezeichnet. Wie wir erfahren, ist das «Big Bowl» auch bei Einheimischen ein beliebtes Restaurant. Als wir die Rechnung bekommen, staunen wir: INR 300. Das reicht in Delhi gerade mal für ein Trinkgeld.

Wir sind für die nächste Sehenswürdigkeit gestärkt. Es ist der im Herbst 2018 fertiggestellte Tempel mit Sikkims höchster Statue. Sie stellt die Gottheit Chenrezig dar und misst 41 Meter. Die Zufahrtsstrassen sind ebenfalls erneuert worden. Bhila erklärt uns, es habe mit den Wahlen zu tun, dass nun alles so schnell fertig gebaut worden sei. Die Regierung wolle den Leuten beweisen, dass sie etwas tauge.

Auf der ersten Plattform ziehen wir die Schuhe aus. Man betritt den Skywalk barfuss oder in Socken. Über den Glasboden zu gehen, ist ein recht ungewohntes Gefühl. Zuerst belächeln wir die Begeisterung der indischen Touristen, der vielen Familien, der alten und jungen Leute, doch bald lassen wir uns von der omnipräsenten Fröhlichkeit anstecken und machen es wie alle: Wir setzen uns auf den Glasboden, nehmen verschiedene Posen ein und fotografieren uns gegenseitig.

108 Treppenstufen führen zum Eingang der Chenrezig hinauf. Das Innere der Statue ist mit Wandmalereien ausstaffiert, die uns tief beeindrucken. Dass heute noch solche Kunstwerke neu erschaffen werden, ist unglaublich. Die detailgetreuen Darstellungen der vielen Legenden sind faszinierend schön. Doch ich denke auch an das viele Geld, das solche Monumentalwerke verschlingen und wie bescheiden die Menschen in diesem Land leben. Für mich sind es Gegensätze, doch hier, das sollte ich endlich begreifen, gelten andere Betrachtungsweisen.

Pelling bietet eine schöne Sicht auf die schneebedeckten Gipfel des Kangchendzönga bis hin zum Mt. Everest. Leider ist heute die Luft zu feucht, und die berühmte Fernsicht bleibt uns verwehrt.

Zur Zeit des Nachmittagsgebets erreichen wir das 1705 gegründete Pemayangtse Monastery und hören von weitem den monotonen Singsang der Mönche. Wir steigen zuerst in den oberen Stock hinauf. Bei meinem Besuch vor zwei Jahren überwältigte mich der Anblick des siebenstöckigen, filigranen Holzkunstwerks, das ein einarmiger Mönch in fünfjähriger Arbeit erschaffen hat. Es stellt Guru Rinpoches Sitz im Jenseits dar.

Nun stehe ich also noch einmal hier, wie ich es mir gewünscht habe. Das Werk beeindruckt mich abermals, doch seine Strahlkraft übt nicht mehr die gleiche Faszination aus. Was ich sehe, deckt sich nicht ganz mit meiner Erinnerung. Fotografieren ist noch immer verboten. Das ist gut so.

Die Strasse führt vorbei an Geyzing und danach in engen jedoch ausholenden Schlaufen über 1000 Höhenmeter hinunter nach Legship. Diesen Ort haben wir bereits auf unserer Fahrt nach Yuksam passiert. Nun, kurz vor der Brücke, die über den Rangit führt, der die Grenze von West- zu Süd-Sikkim bildet, werden die Autos von der Polizei angehalten. Die unzähligen, voll besetzten Wahlautos, die im Land herumfahren, erfordern vermehrte Sicherheitskontrollen. Dipesh muss den Kofferraum öffnen. Wie wir später erfahren, wird nach Waffen und Geld gesucht. Der Stimmenkauf ist nicht so einfach aus der Welt zu schaffen.

Auf der anderen Flussseite windet sich die Strasse wieder 1000 Höhenmeter die bewaldeten Berghänge hinauf. Kewzing liegt auf 1700 m ü. M. Es ist 18.30 Uhr und bereits dunkel, als wir unser Homestay, ein Familienhaus, erreichen.

In Kewzing organisieren sich die Betreiber von Homestays ähnlich einem Verein. Es gibt einen Vorstand, der koordiniert und schaut, dass die Standards eingehalten werden. Um als Homestay zu gelten, darf ein Haus nicht mehr als vier Gästezimmer anbieten. Bis am Ende des Jahres sollten alle Mitglieder etwa gleich viele Gäste beherbergt haben. Gruppen werden aufgeteilt.

Unser Gastgeber, Chef der Gruppe, erzählt, dass sie die ersten acht Jahre nur am Standard gearbeitet hätten, das heisst vor allem an Sauberkeit und Hygiene. Was erwarten die Gäste, was müssen wir ihnen bieten, damit sie sich wohl fühlen?

Mit solchen Fragen beschäftigen sie sich immer noch. Am Anfang beteiligten sich elf Familienhäuser am Projekt, jetzt nach 15 Jahren sind es noch acht. Diese Anzahl bewähre sich für Kewzing, sagt unser Gastgeber.

Wir wohnen in seinem gut erhaltenen und gepflegten Holzhaus. Rechts vom Eingang geht es in die Küche. Geradeaus gelangen wir zum Korridor mit den Schlafzimmern. Wir sind freudig überrascht vom netten und mit Sorgfalt eingerichteten Zimmer. Der Holzboden besteht aus massiven Holzplanken, die Zeitspuren sind gut zu erkennen. Zwischen den Betten steht eine geschnitzte Truhe, die als Nachttisch dient. Die waschbaren Überzüge der Matratzen und Decken sind sauber, ihr helles Streumuster passt farblich zu den blau gestrichenen Wänden. Dazu gibt es synthetische Plüschdecken, wie sie in Sikkim üblich sind. Die hellblauen Tüllvorhänge mit Bambusmuster sind wahrscheinlich Importware aus China.

Das Badezimmer ist einfach und praktisch eingerichtet. Es gibt einen Boiler, eine Brause, einen Wassereimer und ein WC nach westlichem Standard. Alles ist sauber und trocken, was ein wesentlicher Unterschied zur lokalen Gewohnheit ist, sanitäre Anlagen einfach mit Wasser auszuspritzen. Neben dem Gästebad befindet sich eine Türe, hinter der sich ein Plumpsklo verbirgt. Das Freiluftwaschbecken steht allen zur Verfügung. Es ist reizvoll, die Zähne draussen in der Frische und bei Fernsicht zu putzen.

In der Küche trinken wir frisch zubereiteten süssen Chai mit Ingwer. Unser Gastgeber entschuldigt sich, weil seine Frau nicht hier sein kann. Sie ist seit ein paar Tagen in Gangtok, um die ältere Tochter zu betreuen, die im 10. Schuljahr studiert und zurzeit Abschlussprüfungen hat. Unsere Vermutung, dass die zwei halbwüchsigen Mädchen, die in der Küche mithelfen, ebenfalls Töchter sind, erweist sich als nicht ganz richtig. Eines ist adoptiert, das andere eine Freundin von diesem.

Bhila und Dipesh gehen nochmals hinaus, sie müssen das Auto umparkieren. Ich lächle innerlich, weil ich weiss, was das bedeutet. Es erinnert mich an die letzte Reise. Die jungen Männer brauchen etwas Auslauf. Wie ich richtig vermute, dauert das Umparkieren sehr, sehr lange.

Das Wegbleiben der beiden Männer bringt Verwirrung in den zeitlichen Ablauf des Abends. Die Gemeinschaft der Homestays bietet ihren Gästen eine kulturelle Darbietung mit Tanz und Gesang. Zu welchem Zeitpunkt dies nun geschehen soll, ist unklar. Wir trinken Chang, was den Hunger etwas vertreibt. Das traditionelle Hirsebier wird in Holzfässchen serviert. Mit dem Trinkrohr saugt man die Flüssigkeit auf, die sich unter der gärenden Hirse ansammelt. Aus einer Kanne wird heisses Wasser nachgegossen, bis man genug getrunken hat.

Wir saugen also am Rohr und beobachten, was in der Küche vor sich geht. Gemüse wird gerüstet, gehackt und geschnetzelt.

Leute kommen herein und gehen wieder hinaus. Es sind Nachbarn, die sich für die kulturelle Darbietung versammeln. Sie tragen traditionelle Trachten. Meine Gastgeber vom letzten Mal sind auch da. Welche Freude! Ich überreiche ihnen die Fotos, die ich extra mitgenommen habe.

Die Zeit vergeht. Draussen stehen vier Stühle bereit. Wird mit der Aufführung erst begonnen, wenn Bhila und Dipesh zurück sind? Wir warten.

Endlich formieren sich die Frauen und Männer zu einem Kreis und beginnen zu singen und zu tanzen. Es ist ein Rundtanz mit einfacher Schrittfolge. Wir wissen natürlich, was uns blüht. Gut, haben wir bereits etwas Hirsebier im Blut.

Als Bhila und Dipesh auftauchen, geht es richtig los. Sitzenbleiben gilt nicht. Wir bemühen uns, dem Ablauf der Schritte zu folgen. Dipesh ist noch weniger talentiert als ich. Der Tanz wird immer schneller. Dass das so sein muss, erklärt uns Bhila später. Es ist eine Art Wettbewerb. Wer am längsten durchhält, gewinnt. Das Klatschen, der Gesang, die Zwischenrufe werden lauter. Dipesh und ich halten schon lange nicht mehr mit und scheiden aus, Brigitte ebenfalls. Bald ist der Tanz zu Ende. Die Nachbarn verabschieden sich.

In der Küche ist das Essen bereit. Ein Teller mit Reis, eine Schale Linsensuppe, Rindfleisch, Bohnen mit Kartoffeln, alles schmackhaft gewürzt. Dazu gibt es Papadam und einen Teller mit Scheiben von rohen Gurken, Karotten und Rettich.

Wie könnte es anders sein: Müde und zufrieden sinken wir in unsere sauberen Betten und schlafen tief, bis der Morgen uns weckt.

Yuksam – Kewzing ca. 106 km
Unterwegs von 9 – 18.30 Uhr

Fotos: Chenrezig Statue | Schuhe trocknen

52

Tag 6: Temi, Singtam, Rumtek

Prächtige Sicht und viele Kurven

Kaum ist es hell, fängt rundum alles zu leben an. Tiere und Menschen sind bereit für den neuen Tag. Für uns beginnt der Morgen mit Zähneputzen an der frischen Luft und einem Spaziergang ums Haus.

Unser Gastgeber ist ebenfalls unterwegs. Er geht in den Stall, um zu melken. Eine schöne hellbraune Kuh und ein kräftiges einjähriges Kalb stehen dort. Als Melkschemel dient eine kleine Bank. Das Euter der Kuh wird gewaschen, etwas massiert und mit Melkfett eingerieben. Danach spritzt Milchstrahl um Milchstrahl in den Metallkessel. Als die hinteren Zitzen leer sind, kommen die vorderen dran. Die Kuh gibt heute weniger Milch als sonst. Auf meine Warum-Frage antwortet der Hausherr: «Weil sie nicht glücklich ist.» Damit eine Kuh alle Milch hergibt, muss sie «happy» sein, erklärt er uns.

Neben dem Stall, an herrlicher Aussichtslage, steht eine Holzbadewanne. Um das Bad vorzubereiten müssen Steine im offenen Feuer erhitzt und mithilfe von Bambuszangen ins Wasser gelegt werden. Was für ein Vergnügen, sich an einem kalten Tag da hineinzusetzen!

In der Küche darf ich zuschauen, wie der Hausherr Chai zubereitet. Mit einem Stein quetscht und zerreibt er ein grosses Stück Ingwer. Dann kommt Wasser in ein Pfännchen, in ein anderes gleichviel Milch. Für unsere zwei Tassen fügt er dem Wasser zwei Löffel Teeblätter, vier Löffel Zucker und den zerquetschten Ingwer hinzu und lässt alles sprudelnd kochen. Die tagesfrische Milch im anderen Pfännchen wird schäumend aufgekocht, was sie gleichzeitig pasteurisiert. Dann wird das

Teewasser durch ein Sieb zur Milch gegossen und fertig ist der beste Chai auf dieser Reise. Sicher hat jede Hausfrau ihr eigenes Rezept. Es werden unterschiedliche Gewürze beigegeben, häufig Kardamom oder Pfeffer.

Nach dem Frühstück verabschieden wir uns und begeben uns zu Fuss zu meinen vormaligen Gastgebern. Als Dank für die Fotos sind wir zum Tee eingeladen. Derzeit wird die Küche vergrössert. Eaden Bhutia, die Hausfrau, führt uns in die ehemalige alte Küche im Nebengebäude, die als Übergangslösung dient. Es riecht wie in einer Räucherkammer. Wände und Deckenbalken sind schwarz vom Kochen über dem offenen Holzfeuer. Nach dem Tee zeigt sie Brigitte das Haus und mein damaliges Zimmer. Schön, das noch einmal anzuschauen.

Der Fussweg zum Auto führt an einer Schreinerwerkstatt vorbei. Ein Mann hobelt ein Brett mit regelmässigen, kräftigen Bewegungen. Sanft fallen die Holzlocken zu Boden. Wir bleiben eine Weile stehen und schauen zu. Bhila unterhält sich mit dem Mann. Wir dürfen fotografieren. Danach verabschieden wir uns mit «Tutschi La», was in der Sprache der Bhutia Danke heisst. Damit entlocken wir dem Mann ein überraschtes Lächeln.

Zuerst fahren wir nach Ravangla, wo wir den ebenfalls sehr grossen Gautama Buddha, umgeben von einer riesigen Gartenanlage, besuchen. Wir haben auf Bhilas Empfehlung zusätzlich warme Socken mitgenommen, damit wir im Tempel keine kalten Füsse bekommen. Im Innern der 40 Meter hohen Statue wandelt man spiralförmig nach oben und betrachtet die detailliert ausgestalteten Wandbilder, die von Buddhas Leben erzählen. Diese Statue wurde 2010 gebaut. Die Chenrezig-Statue in West-Sikkim, die wir gestern besucht haben, ist um einen Meter höher. Das sieht ganz nach Konkurrenzkampf aus.

Die Strasse zieht sich auf einer Höhe von 2000 bis 2200 m ü. M. die Hügel entlang. Die Sicht ist faszinierend. Über Damthang gelangen wir nach Temi-Tea-Garden und spazieren durch die Plantagen. Die ersten zarten Blätter spriessen bereits. Diese beste Qualität wird als «First Flush» bezeichnet. Bald kann mit der Ernte begonnen werden. Brigitte pflückt ein paar alte Samenkapseln. Vielleicht gelingt es ihr, Tee-Pflänzchen zu kultivieren.

In unzähligen Kehren fahren wir mehr als 1000 Höhenmeter hinunter nach Singtam. Der Strassenbelag ist schlecht. Es gibt viel Verkehr, Lastwagen, Motorräder und Autos, die offensichtlich für die bevorstehenden Wahlen werben. Hektisch oder gefährlich ist es nicht. Es wird anständig und rücksichtsvoll gefahren. In kritischen Situationen weicht meistens der schwächer Motorisierte aus. Dipesh ist voll konzentriert und scheint nicht müde zu werden.

Bhila erzählt uns von den beschwerlichen Fahrten in vollgestopften Sammeltaxis von Yuksam nach Gangtok. Er ist dann mindestens sechs Stunden unterwegs. Ein Auto kaufen ist keine Perspektive. Bhila glaubt, dass er das Problem mit einem Motorrad lösen könnte. Und als ich nach der Marke frage, erzählt er mir begeistert von seiner Favoritin, einer «Royal Enfield». In den kommenden Tagen wird er sie uns noch ein paarmal zeigen, immer mit derselben Begeisterung.

Brigitte möchte genauer erfahren, wie das mit den Sammeltaxis funktioniert. Bhila erklärt uns das System. Man muss wissen, wo die Taxis oder Minibusse verkehren und zu welcher Zeit sie fahren. Will man zum Beispiel nach Gangtok, muss man um 5 Uhr an einer bestimmten Stelle bereitstehen. Das Taxi fährt erst, wenn es voll ist. Hat man einen Termin, muss man den Transport anders organisieren, was sofort teuer wird. Will man unterwegs einsteigen, ist es von Vorteil, den Fahrer vorher anzurufen und ihn zu bitten, einen Platz zu reservieren. In andern Worten: Man muss von hier sein, um auf diese Art zu reisen.

Ein grosser Gebäudekomplex inmitten der grünen Hügellandschaft weckt meine Aufmerksamkeit. Die hellgraue

Fabrikhalle und die zwei zusätzlichen weissen Gebäude haben eine schlichte Form, die Fassaden sind mit rot getupften gelben Bordüren verziert. «Mankind» ist eine indische Arzneimittelfirma, die Produkte aus Heilpflanzen herstellt.

Wie ich bei meiner nachträglichen Recherche lese, müssen Firmen, die sich vor 2017 in Sikkim angesiedelt haben, keine Steuern bezahlen. Das erklärt vielleicht, warum die Fabrik in dieser abgeschiedenen aber vegetationsreichen Gegend gebaut wurde. Man könnte die Pflanzen, die hier wachsen und geerntet werden, ja auch andernorts verarbeiten.

Endlich erreichen wir die Brücke, die über die Tista nach Ost-Sikkim führt. Wir sind hungrig. Das Restaurant am Fluss bietet Plätze im Freien an. Es ist bereits nach 14 Uhr. Sonnenschirme und Baldachine schützen uns vor dem Nieselregen, der immer wieder einsetzt. Wir bestellen ein vegetarisches Reisgericht und auf Bhilas Empfehlung eine nepalesische Spezialität. Bei der Rechnung staunen wir einmal mehr: INR 240.

Singtam ist für hiesige Verhältnisse eine grosse und verkehrsreiche Stadt. Sie ist Handelsplatz für Waren, die aus Siliguri kommen und in den Norden transportiert werden. Hier ist die Strasse gut. Trotz der vielen Lastwagen geht es flott voran, das heisst, dass 40, maximal 50 km/h gefahren werden kann.

Von der Abzweigung Richtung Rumtek an wird die Strasse wieder steiler und schlechter. Es beginnt zu regnen. Im Hotel «Bamboo Retreat» werden wir mit Schirmen empfangen.

Nachdem wir einen wohltuenden Chai getrunken haben, beziehen wir unsere hübschen Zimmer. Es gibt heisses Wasser, somit ist Haare waschen angesagt. Wahrscheinlich ist mein Haarfön zu viel für das Netz. Der Strom fällt aus. Das passiert noch ein paarmal heute Abend. Immerhin gibt es ein Notlicht im Zimmer.

In der Lobby brennt ein Feuer. Wir setzen uns in die freundliche Wärme und lassen den Tag Revue passieren. Dawa bringt uns mit Stevia gesüssten Pfefferminztee. Die frischen Kräuter stammen aus dem grossen, terrassierten Garten. Ich freue mich sehr, Dawa, den jungen Mann mit der modernen Brille, den ich auf meiner letzten Reise kennengelernt habe, wiederzusehen.

Das Essen wird um 18.30 Uhr aufgetragen. Reis und Dal, verschiedene Gemüse und Huhn an einer würzigen Sauce. Alles wunderbar gekocht und angerichtet. Dazu werden rohe Gurken-, Tomaten- und Karottenscheiben auf Salatblättern gereicht, das Ganze ist mit den essbaren Blüten der Kapuzinerkresse verziert.

Am Nebentisch sitzt eine nette indische Familie mit zwei Kindern. Ich höre wie das Mädchen seine Eltern fragt, ob es die Blumen essen müsse.

Kewzing – Rumtek ca. 88 km
Unterwegs von 9 – 17 Uhr

Fotos:
Badewanne mit Aussicht | Frische Milch zum Frühstück

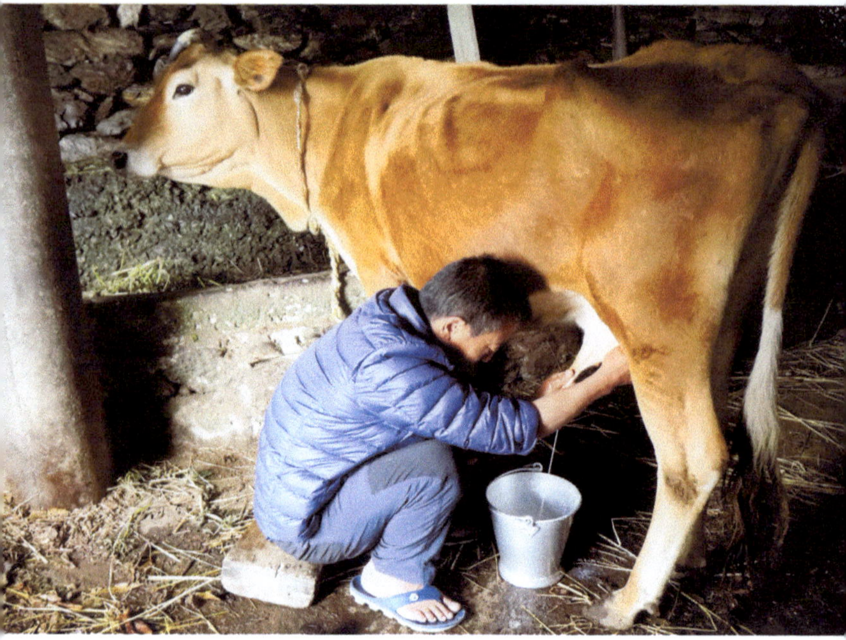

Der Norden

Tag 7: Gangtok, Kabi, Phodong, Mangan, Ringhim

Unterwegs ins Land der Lepcha

In der Nacht geht ein heftiges Gewitter nieder. Der laut prasselnde Regen begleitet mich durch den Schlaf. Es blitzt und donnert bis in den Morgen hinein. Ich hole mir einen Chai ins Zimmer, der mich wärmt und munter macht.

Zum Frühstück gibt es Porridge, der hier aus unterschiedlichen Getreidearten zubereitet wird und oft auch kleingeschnittene Früchte enthält. Dawa serviert uns zusätzlich Aloo Barata, gefülltes Fladenbrot, das uns sehr gut schmeckt.

Bhila hat unterdessen unsere Reisebewilligungen für den Norden organisiert. Dipesh ist gestern Abend zum Schlafen nach Gangtok gefahren und heute Morgen im Verkehr steckengeblieben. So haben wir noch Zeit, durch den wunderschönen terrassierten Garten zu spazieren und etwas Pflanzenkunde zu betreiben.

Um 9.30 Uhr fahren wir los. Wir sehen die pulsierende Hauptstadt Gangtok, die am gegenüberliegenden Hügelzug liegt, schon von weither. Über 150 000 Menschen leben dort. Unser Weg in den Norden führt uns mitten durch die Stadt mit ihren steilen schmalen Strassen hindurch. Dipesh zeigt uns das Haus, in dem er ein Zimmer gemietet hat. «Nice view», bemerke ich und erhalte als Antwort ein schiefes Lächeln. Dipesh erklärt mir, dass sein Zimmer «down» sei. Ich nehme an, dass es hangseitig liegt.

Beim Tashi View Point, etwa 10 km nördlich von Gangtok, halten wir das erste Mal an. Zwischen Verkaufsständen hindurch gelangen wir im Pulk indischer Touristen, die ebenfalls mit Fotoapparaten ausgerüstet sind, zur Aussichtsplattform.

Obwohl Sikkim ein indischer Bundesstaat ist, reden Bhila und Dipesh von indischen Touristen wie von Ausländern. Sie gehören einer anderen Kultur an, was sich in Aussehen und Benehmen bemerkbar macht. Viele «Indians» aus Westbengalen verbringen ihre Ferien hier. Sie suchen die Abgeschiedenheit und geniessen das erfrischende Klima in den Bergen. Westlichen Touristen werden wir von nun an nur noch einmal begegnen.

Auf der Plattform herrscht ein ordentliches Gedränge. Der Himmel ist verhängt. Doch siehe da, die geballten Wolken verschieben sich und öffnen für kurze Zeit die Sicht auf den 8586 Meter hohen Kangchendzönga, den dritthöchsten Berg unseres Planeten. Das prächtige Massiv scheint aus den Wolken herauszuwachsen. Ein mystischer Anblick.

Danach zieht es uns zu den Imbissständen. Wir brauchen Chai und Dipesh sein Frühstück. Im Verlauf der Reise erfahren wir, dass Bhila und Dipesh nur zwei Mahlzeiten pro Tag essen. Ich nehme an, dass das hier allgemein üblich ist. Eine am späteren Morgen und eine am Abend.

Etwa 20 Minuten später überqueren wir den Fluss Rate-Chu. Es gibt wohl keine Brücke in ganz Sikkim, die nicht mit unzähligen bunten Gebetsfahnen geschmückt ist. Ein belebender Anblick. Die gelbe Schrifttafel auf der anderen Seite des Flusses heisst uns «Welcome to North Sikkim».

Viele Mahindras 4x4 und Toyotas Innova, die vor allem Touristen transportieren, sind unterwegs und ebenso viele kleinere Autos die Wahlpropaganda betreiben, zusätzlich ein paar Lastwagen und Militärfahrzeuge.

Wir fahren Richtung Kabi nach Lungchok. Am Strassenrand marschieren Soldaten, jeder in seinem Schritt. Sie wirken entspannt, eher wie auf einem Ausflug, als bei einer militärischen Übung. Es sind auch Frauen dabei.

Hier halten wir an und steigen aus. Lungchok ist ein geschichtsträchtiger Ort, der für die Lepcha und Bhutia von grosser Bedeutung ist. Ein schmaler Fussweg führt in den lauschigen Wald hinein. Die Luft ist kühl und erfrischend. Wir sind allein unterwegs zum Denkmal, das für die im 13. Jahrhundert geschlossene Blutsbrüderschaft zwischen Lepcha und Bhutia errichtet wurde. Anschaulich erzählt uns Bhila, wie sich nach vielen Jahren Streit und Krieg das Oberhaupt der Bhutia und das Oberhaupt der Lepcha an diesem Ort getroffen haben. Im Willen die andauernden Fehden zu beenden, schnitten sie sich in die Arme und schlossen Blutsbrüderschaft. Sie riefen die mächtigen Geister als Zeugen an und schworen, die Blutsbrüderschaft zwischen den Ethnien aufrecht zu erhalten, bis der Rangit aufhöre zu fliessen und nur der Kangchendzönga übrig bleibe. Sie tauchten ihre Füsse in ein Gefäss mit Tierblut und stellten als Zeichen ihres Schwurs einen grossen Stein an den Platz. Seither leben die Lepcha und Bhutia friedlich zusammen.

Der würdige Ort ist mit vielen Katas und Gebetsfahnen geschmückt. Neben dem Denkmal, einem altarförmigen Block mit drei Bronze-Figuren, können wir auf einer handgeschriebenen Informationstafel die Geschichte der Blutsbrüderschaft nachlesen.

Wieder im Auto, entdeckt Bhila gerade noch rechtzeitig einen Leech, einen Blutegel, der sich an seiner Wade festsaugen will. Danach bemerkt Brigitte, wie sich ein zweiter an ihrem Schuh raupenähnlich aufwärts bewegt. Bhila nimmt ihn mit den Fingern und will ihn aus dem Fenster werfen, dabei fällt er auf den Fahrzeugboden. Wir können ihn nicht mehr finden. Gern glauben wir Bhila, dass er dort nicht überleben kann und vertrocknen wird.

Bei der nächsten Flussüberquerung, beim Seven Sisters Waterfall steigen wir nochmals aus und freuen uns am fröhlichen Spektakel. Heerscharen frohgelaunter Menschen lassen sich nassspritzen. Eine steile Treppe führt durch Wald und felsiges

Gelände auf verschiedene Plattformen, die schöne Ausblicke auf fünf der sieben Wasserfälle ermöglichen.

Als wir die Region von Phodong und Tumlong erreichen, ist das Mittagessen überfällig. Wir haben den Thermobehälter mit dem Lunch dabei, entdecken aber keinen geeigneten Platz für unser Picknick. Wie immer findet Bhila eine überraschende Lösung. Er geht zu einem Haus unterhalb der Strasse, redet dort mit einer Frau und kehrt lachend zurück. Wir dürfen uns auf der «Dachterrasse» installieren.

Hier werden die Häuser oft über lange Zeit Stockwerk um Stockwerk erstellt. Zuerst kommt das Fundament in den Hang, dann ein erster Stock, vielleicht ein zweiter. Manchmal fehlen die Wände. Oft bleiben die Gerippe über Jahre stehen. Baumaterial sammelt sich an. Wenn genügend Geld vorhanden ist, wird weitergebaut.

Nun richten wir uns also auf dem unfertigen dritten Stock ein. Die Mauern rundum sind einen knappen Meter hoch, so kann das kleine Kind hier draussen spielen. Bhila und Dipesh finden es lustig, die Camping-Stühle zusammenzustecken, die sich zu genau diesem Zweck im Auto befinden. Bald sitzen wir bequem auf der Terrasse und geniessen die herrliche Aussicht.

Ausser dem Kind gehören noch zwei Frauen zur Familie. Der Mann, der dazu kommt, ist ein Nachbar. Er darf den Camping-Stuhl ausprobieren und ist mit dem Komfort sichtlich zufrieden. Bhila und Dipesh organisieren einen kleinen Tisch. Zwischen Satellitenschüssel und aufgehängter Wäsche, essen wir Reis und Gemüsecurry. Auf dem Dach nebenan liegen zwei Frösche zum Dörren an der Sonne. Die Frau des Hauses bringt uns Chai. Wir danken es ihr mit zwei Eiern und ein paar Früchten. Der Abschied um 14 Uhr ist herzlich.

Von hier aus wandern wir auf einem schönen Pfad bergwärts und erreichen nach einer halben Stunde die Ruinen des ehemaligen königlichen Forts. Tumlong war im 19. Jahrhundert die dritte Hauptstadt des Königreichs Sikkim.

Nach einer weiteren halben Stunde gemütlichen Wanderns durch die reiche Vegetation, vorbei an einzelnen Häusern und Gärten erreichen wir das Nyingma-Kloster Labrang, das wahrscheinlich um 1844 gebaut und 1978 renoviert worden ist.

Mittlerweile ist es 15 Uhr. Das Kloster ist geschlossen. Auch die Mönche sind während der Wahlen für ihren Regierungsvertreter auf Werbetour. Zu beiden Seiten der farbenprächtigen Tempelpforte laden sieben Gebetsmühlen zum Drehen ein. Zwischen den zwei Rehen über dem bemalten Tor befindet sich das Symbol des Lebensrads. Bis auf einen dunkelroten Streifen ist das Mauerwerk unverputzt. Wir bewundern die sorgfältig gemalten Verzierungen, die sich auch an den Nebengebäuden befinden. Jede Tür, jeder Fensterrahmen, jede Leiste zeigt bunt bemalte Schnitzereien. Wir sind allein hier. Das einzige Lebewesen, das Interesse an uns zeigt, ist ein roter Hund.

Beim Ausgangstor wartet Dipesh. Obwohl unser nächstes Ziel nur 2 km entfernt ist, steigen wir ins Auto und fahren bis zum Kagyu Monastery von Phodong. Es ist 100 Jahre älter als jenes von Labrang. Weil das Kloster im Lauf der Zeit durch Erdbeben beschädigt worden war, wurde es 1977 umfassend renoviert und vergrössert.

Ein paar Hunde liegen auf dem weiten Platz zwischen den Klostergebäuden. Unter dem grossen Baum bei der Gebetshalle tanzt selbstvergessen ein junger Mönch. Ein paar Drehungen, dann hört er auf. Eine Gruppe von mehreren Klosterschülern vergnügt sich mit Bodenturnen. Sie schlagen das Rad und führen Kunststücke vor. Einer stellt sich als «Böckli» zur Verfügung, die anderen machen einen Überschlag über ihn hinweg. Ich beobachte gerade, wie ihm einer, wahrscheinlich absichtlich, mit den Füssen auf den Rücken springt. Das verschlägt dem Kleinen den Atem. Einer der Älteren kümmert sich um die Angelegenheit.

Eigentlich ist das Kloster geschlossen. Auch hier in Phodong sind die Mönche für die Wahlen unterwegs. Doch wir haben Glück. Einer der Klosterschüler eilt mit dem Schlüssel herbei und öffnet uns das Gittertor. Im Vorraum befinden sich Wandmalereien in leuchtenden Farben, gemalte Gottheiten und eine detailreiche Darstellung des Lebensrades. Über dem roten Tempeltor wachen Schutzdämonen mit aufgerissenen Mäulern und spitzen Zähnen.

Im Innern ist es dunkel. Der Mönch schaltet die Lichtgirlanden ein, die den Altar und die Statuen verzieren. Wie in vielen Tempeln darf nicht fotografiert werden.

Bei westlichen Touristen ist dieses Kloster vor allem durch die französische Tibet-Forscherin und Schriftstellerin Alexandra David-Néel bekannt geworden. Ab 1912 verbrachte sie hier in Phodong und Umgebung mehrere Jahre mit dem Studium des Buddhismus. Zweieinhalb Jahre davon (ab August 1916) lebte sie als meditierende Einsiedlerin in einer Höhle, die wir weiter nördlich von Lachen noch besuchen werden. Sie bezeichnete den Gomchenla Rinpoche of Lachen (Third Lachen Gomchen) als ihren wichtigsten Lehrer. So wie ich verstehe, stammte er aus diesem Kloster. Ein paar Fotos aus jener Zeit sind in verstaubten Vitrinen ausgestellt.

Als wir das Tempelareal kurz vor 16 Uhr verlassen, folgen uns die kleinsten Klosterschüler bis zum Auto. Zur ihrer grossen Freude verteilt Bhila ein paar Süssigkeiten.

Fotos:
Nyingma-Kloster Labrang | Klosterschüler in Phodong

Wieder unterwegs treffen wir bei Phodong Bazar auf die marschierenden Soldaten, die wir bereits in Kabi gesehen haben. Die Distanz beträgt etwa 20 km, das ist eine reife Leistung! Vor uns liegen nochmals 30 km bis Ringhim, wo wir in einem Lepcha-Homestay übernachten werden.

Um 17.30 Uhr treffen wir dort ein. Das Haus befindet sich neben einem Helikopterlandeplatz auf 1450 m ü. M. Auf dem grossen Landeplatz mit herrlicher Sicht in die Berge steht ein Jeep mit offenen Türen. Ein paar Jungs hören Musik. Das verspricht etwas, das ich hier nicht erwartet hätte: künstlicher Lärm. Meine Befürchtung stellt sich glücklicherweise als unbegründet heraus.

Bhila hat uns vorbereitet, dass die Lepcha-Familie erst zum zweiten Mal westliche Gäste empfängt und sich etwas unsicher fühlt. Die Frauen sprechen kein Englisch.

Der gut genährte Hausherr heisst uns freundlich willkommen und zeigt uns die Unterkunft neben dem Hauptgebäude. Die Bezeichnung 2-Zimmer-Cottage trifft am ehesten zu. Das Cottage wirkt einladend, originell und ist extra für Übernachtungsgäste gebaut worden. Die Wände, die schmale gedeckte Veranda mit Tischchen und Hockern sind aus Bambusrohren, Brettern und knorrigen Stämmen gezimmert.

Wir setzen uns erst einmal hin und trinken Chai. Dazu gibt es frisches Popcorn. Wie jeden Abend wird es gegen 18.30 Uhr dunkel. Unter dem First des grünen Wellblechdachs trocknen Maiskolben. Ein comicartiger Bärenkopf aus Kunststoff hängt wie eine Trophäe zwischen den Zimmertüren. Wir fragen uns, was das bedeuten soll. Stammt die Figur aus der Werbung?

Da wir die einzigen Gäste sind, dürfen wir beide Zimmer benützen. Sie sind gross, mit jeweils zwei Betten drin. Die Badezimmer mit WC und Dusche sind ebenfalls geräumig, doch der Standard ist dem indischen Tourismus angepasst, das heisst mit Wasser abgespritzt. Der kleine Spiegel ist vom fleissigen Zähneputzen weiss gesprenkelt.

Das Haus ist umgeben von Gärten, Feldern, einem Stall mit zwei Kühen, einigen Hühnern und Küken. Hinter dem Haus steigt das Land an, auf der linken Seite fällt es steil ab, auf der rechten zieht es sich flach hin bis zum Helikopterlandeplatz. Auf der Treppe zu unserem Cottage entdecken wir einen Topf mit Löwenzahn als Zierpflanze. Macht sich gut!

Um 19.30 Uhr ist es Zeit zum Essen. So gehen wir hinüber in die Küche und setzen uns auf die Bank am kniehohen Tisch. Wir sehen kaum etwas. Der Raum ist mit dichtem Rauch gefüllt.

Lepcha-Küchen sind schwarz wie Räucherkammern, weil über dem offenen Feuer gekocht wird. Wie stark das heute noch verbreitet ist, weiss ich nicht. Der Holzvorrat befindet sich direkt oberhalb des traditionellen Lehmherdes und trocknet sicher schnell und gut. Ein Kamin fehlt. Deshalb der beissende Rauch.

Vielleicht weil wir husten, öffnet der Hausherr die Fenster und macht Durchzug. Gut, sind wir warm angezogen. Dann setzt er sich zu uns. Aus sicherer Distanz werden wir von drei Mädchen beobachtet. Sind es seine Töchter? Wir fragen ihn.

Nicht alle. Auch diese Lepcha-Familie ist zusammengewürfelt. Eines der Mädchen wohnt hier, damit es die Schule besuchen kann. Der Weg von seinem Zuhause aus wäre zu weit.

Wir breiten die Landkarte aus, um die heutige Route einzuzeichnen und um zu zeigen, wo wir durchgereist sind und wo wir noch hinreisen werden. Es ergibt sich ein entspannter Austausch. Nun kommen auch die Frauen herbei und zeigen uns auf der Karte Orte, die sie kennen. Bhila unterstützt uns bei der Konversation.

In der Küche arbeitet ein junger Mann. Ich frage den Hausherrn, ob das der Sohn sei. «Cook», antwortet er mir.

Die Familie hat einen Koch? Bhila klärt mich auf. Weil es die Familie besonders gut machen möchte, hat sie für heute einen Koch engagiert.

Der Zeitpunkt ist gekommen, den Mädchen die mitgebrachten Farbstifte zu überreichen. Eines beginnt sofort zu zeichnen und schreibt uns die Vornamen der andern auf. Das grösste Mädchen entpuppt sich auf den zweiten Blick als junge Frau. Brigitte schenkt ihr einen Lippenstift. Die Überraschung löst viel Freude aus. Etwas später fällt uns auf, dass der Lippenstift reihum gegangen ist.

Viel tut sich nicht in der Küche. Wir fragen uns, ob der Koch überhaupt einen Zeitplan hat. Plötzlich sehen wir, dass Bhila und Dipesh Gemüse rüsten. Das zeigt uns immerhin, dass das Problem erkannt ist.

Dieses Homestay scheint eine Art Kiosk zu sein. Immer wieder kommen Männer ans Küchenfenster und kaufen Flaschen. Wir vermuten, dass es alkoholische Getränke sind.

Um 20.30 Uhr ist es soweit. Es gibt vom Koch zubereitetes Rindfleisch in Sauce mit Reis. Dipesh hat Spinatsuppe gekocht und Bhila Broccoli. Der Hausherr isst mit uns. So sehen wir gleich, dass man die Knorpel neben den Teller legen darf.

Morgen werden wir die heissen Quellen von Lingdem besuchen. Bhila gibt uns Tipps, wie wir packen sollen. Badebekleidung, ein Tuch und trockene Wäsche gehören in den Rucksack. Das Problem ist das Badekleid. Unterhose und T-Shirt, was für uns das normalste wäre, geht nicht. Bhila zeigt uns das Foto einer Touristin im Bikini. Die Frau habe sich «very uncomfortable» gefühlt, und Bhila möchte gern, dass wir uns wohlfühlen. Frauen baden in Kleidern, die Männer oft ebenso. Das haben wir bereits bei den Quellen von Tingmo beobachtet.

Bhila schlägt vor, dass wir etwas mit langen Beinen und Ärmeln anziehen sollen. Meine lange Smartwool-Unterhose zu opfern, behagt mir gar nicht. Dass sie in angemessener Zeit wieder trocknen wird, kann ich mir bei diesem feuchten Wetter nicht vorstellen. Und ich brauche sie täglich, weil ich sie abends anziehe, um nicht zu frieren. Ich bin unschlüssig. Will ich überhaupt ins Wasser? – Ich werde das Abenteuer auf mich zukommen lassen.

Wir sind satt und müde, verabschieden uns von der Familie und gehen in unser Cottage hinüber. Die Jungs wohnen im zweiten Gästehaus, es ist weniger schön als unseres, eine schachtelartige Baracke. Solche Modelle erhalten die Lepcha-Familien vom Staat als Unterstützung, um Übernachtungen für Touristen anbieten zu können.

Ich ziehe meinen dunkelblauen Pyjama an und habe beim Zähneputzen die glänzende Idee, dass er sich für ein Bad in der heissen Quelle perfekt eignen würde. Mein Problem ist gelöst!

Im Haupthaus wird noch lange weiter geredet. Dipesh ist übermütig. Ich höre sein Lachen. Als die Männer schlafen gehen, ist es plötzlich sehr still. Kein einziger Hund bellt. Ab und zu flip-flopt jemand an unserem Cottage vorbei. Toilette und Zahnputzstation der Gastfamilie befinden sich hinter den Gebäuden.

Mir ist ein bisschen kalt. Ab morgen werde ich meinen Daunenschlafsack benützen. Brigitte hat damit bereits in Yuksam begonnen. Es gibt überall genug Decken, aber es braucht ordentlich Energie, bis sie aufgewärmt sind.

Rumtek – Ringhim ca. 90 km
Unterwegs von 9.30 – 17.30 Uhr

Fotos:
Essraum in der Lepcha-Küche | Traditioneller Lehmherd

Tag 8: Mangan, Namprik, Tingvong

Über den Fluss nach Dzongu

Geweckt werde ich vom Hahn. Um 5.30 Uhr wird es hell. Zeit aufzustehen und eine Eimerdusche zu nehmen. Das finde ich immer noch das beste System. Man füllt den grossen Eimer, der in jedem Bad vorhanden ist, mit heissem Wasser und giesst sich mit dem kleinen Litermass Wasser über den Körper. Haarewaschen geht ebenfalls gut auf diese Weise.

Die Berge sind wolkenverhangen. Ich spaziere zum Helipad und von dort ein Stück der Strasse entlang, die wahrscheinlich zum Dorf hinauf führt. Links befindet sich ein Nachbarhaus. Weiter oben lungert ein Hund herum. Ich weiss nicht, wie ich ihn einschätzen soll und kehre um. Brigitte ist ebenfalls unterwegs. Wir setzen uns vors Cottage und schauen den Hühnern und Küken zu, die eifrig nach Körnern picken.

Ein heisser Chai wäre nicht schlecht. Ich gehe in die Küche. Die Hausfrau steht am Herd und kocht. Wie ich verstehe, wird sie ihn gleich zubereiten. So setze ich mich hin und warte. Nach einer Weile schickt sie eines der Mädchen zu mir. Dieses wiederholt ein paarmal «coffeemaker». Im Essraum steht tatsächlich ein Kaffeeautomat auf dem Regal. Der wird nun eingeschaltet. Als er aufgeheizt ist, füllt das Mädchen zwei Tassen ab. Lauwarme Pulvermischung. Ich schlucke die Enttäuschung hinunter. Wahrscheinlich wurde die Maschine extra für Touristen angeschafft. Wie gern hätte ich ganz normalen Chai getrunken.

Um 8 Uhr werden wir zum Frühstück gerufen. Die Küche ist mit frischem Rauch gefüllt. Es gibt Kauri, eine Fleischsuppe mit Teigklösschen, dazu gesalzenen Tee. Heiss und herzhaft. Nun bin ich wieder zufrieden.

Danach wollen die jungen Frauen, dass wir ihre traditionellen Trachten anprobieren. Unbedingt. Wir merken, dass es ihnen Freude macht, uns einzukleiden. Wir ziehen unsere warmen Jacken aus, ich noch zusätzlich die Bluse, weil der Kragen stört. Brigitte erhält ein oranges Oberteil, das mit einem Gurt unter der Brust gebunden wird. Darüber kommt ein schwarzer Rock, ebenfalls mit einem Stoffgurt gebunden. Mir wird ein helloranges Oberteil angezogen und geschätzte drei Meter türkisblauer, hell gefütterter Seidenstoff um den Körper gewickelt. Der Stoff wird in Falten gelegt, drapiert, zurechtgezupft und mit einem breiten Stoffband festgebunden.

Die Frauen erklären uns, dass sie uns zwei verschiedene Macharten von Trachten angezogen haben. Es gibt ready-made Modelle und solche, die nach Mass geschneidert werden. Der grösste Unterschied ist die Stoffmenge. Beim Fertigmodell ist der Rock, den man über der Bluse trägt, vorgeschnitten und mit Falten versehen, beim anderen drapiert man die Stoffbahn selbst.

Zufrieden werden wir begutachtet, müssen uns hierhin und dorthin stellen. Nach ein paar Fotos schälen wir uns wieder aus den schönen, farbenkräftigen Lepcha-Trachten und schlüpfen in unsere Wanderkluft.

Um 9.10 Uhr ist es für eines der Mädchen Zeit, zur Schule zu gehen. Stolz zeigt es uns seine Uniform. Schwarzer Jupes, grauer Pullover, darunter eine weisse Bluse mit roter Krawatte. Ein gemustertes, dunkelrotes Allzweck-Tuch ist mit einer Klammer am Pullover befestigt. Im roten Rucksack steckt das Schulmaterial. Der Unterricht beginnt um 10 Uhr. So ist es auch für Kinder, die weit entfernt wohnen, möglich, rechtzeitig eintreffen.

Zum Abschied legt uns der Hausherr eine Kata um. Brigitte übergibt ihm eine Schokolade als Geschenk. Noch ein paar Fotos, und wir sind wieder unterwegs.

In Mangan fahren wir zu einer grossen Tankstellenanlage und steigen aus. Bhila ergänzt unseren Mittagslunch mit Samosas und frittierten Momos. Der Tank wird nochmals ganz gefüllt. Beim Einfüllen schaukelt Dipesh das Auto hin und her. Er sagt, dass es so weniger Benzin verbrauche.

Es gibt hier einiges zu beobachten. Der Abfallsammelwagen kündigt sich an. Hinten auf dem Gefährt steht ein Mann und schlägt in wirbelartigen Sequenzen einen Gong. Die Leute bringen Schachteln, Fässer und Säcke herbei, die in den offenen Wagen geworfen oder ausgekippt werden. Hinter uns wird ein Motorrad aus Westbengalen betankt. Auf dem Sozius sitzt eine Frau. Das Paar ist unterwegs in den Norden. Es hat bereits eine Strecke von 700 km hinter sich. Dann fährt eine Ambulanz heran, ebenfalls zum Tanken. Rechts der Tankstelle, im abfallenden Gelände steht ein unfertiges Hotel mit Backsteinlager im offenen Obergeschoss. Dazwischen ein Werkstattschuppen mit Autoreifen. Links der Zapfsäulen befindet sich ein Restaurant mit Toiletten. Männer stehen herum, ein Kommen und Gehen.

Das Abfallsystem interessiert uns. Müll wird regelmässig eingesammelt. Man bezahlt für die Menge, die mitgenommen wird. Ich finde das vorbildlich, doch Bhila dämpft meine Begeisterung. Leider gibt es keine Verwertungs- oder Verbrennungsanlagen. Der Müll wird auf Deponien gekippt, die sich an steilen Stellen im Wald befinden. Wir werden sie unterwegs da und dort entdecken.

Bei der Brücke, die über die Tista führt, befindet sich der Checkpoint für das Dzongu-Gebiet. Ein paar Militärs stehen herum. Auf einer gelben Willkommenstafel sind die Telefonnummern von Polizei, Gesundheitszentrum, Forst-, Energie-, Strassen- und Brücken-Departement aufgeführt. Bhila verschwindet mit unseren Bewilligungen im Büro. Derweil spazieren wir über die Brücke: «Only one vehicle at a time».

Dzongu, das Land der Lepcha, ist eine Art Reservat. Die Lepcha bilden die Urbevölkerung Sikkims und geniessen verfassungsmässige Sonderrechte. Die Bhutia zählen ebenfalls zur Urbevölkerung, sind jedoch erst im 8. Jahrhundert im Gefolge von Guru Padmasambhava aus Tibet über das Gebirge nach Sikkim eingewandert. (So hat es mir Bhila erklärt. Ich konnte jedoch nirgends präzise Angaben darüber finden.)

Die Weiterfahrt führt der Tista entlang, vorbei an Namprik. Dort befindet sich der Übergang nach Tingvong, wo wir heute übernachten werden. Die heisse Quelle in Lingdem, zu der wir unterwegs sind, wurde erst vor ein paar Jahren bei Sondierbohrungen für ein Pumpspeicherkraftwerk entdeckt. Dank Bhilas vorbereitenden Ratschlägen, blicken wir dem Badeabenteuer gelassen entgegen. Was weit mehr Probleme bereitet, ist die Strasse. Da es in den letzten Tagen oft geregnet hat, ist sie nicht nur bucklig sondern an einigen Stellen aufgeweicht und sumpfig. Gefährlich sind die grossen Steinbrocken, die im Schlamm nicht umfahren werden können. Das Schlimmste wäre, wenn die Ölwanne beschädigt würde. Das Auto darf also nicht auffahren. Und schon rutscht und spult es, die Räder drehen durch, es geht weder vorwärts noch rückwärts. Brigitte und ich steigen aus. Wir hoffen, dass das Auto durch die Gewichtsreduktion hinten etwas mehr Bodenfreiheit gewinnt. Es ist nicht einfach, zu Fuss im Schlamm die Balance zu halten. Bhila lotst Dipesh durch die Passage, legt Steine unter die Räder, nimmt andere weg. Umkehren ist keine Option. Auf der einen Strassenseite befindet sich der Fluss, auf der andern die senkrechte Felswand. Endlich gelingt es Dipesh die Spur etwas zu ändern und dem Schlamm zu entkommen.

Wir steigen wieder ein. Bhilas Zuversicht beruhigt uns. Das schlimmste Stück haben wir geschafft. Dass wir hier wieder zurückfahren müssen, daran wollen wir gar nicht denken, auch nicht, wie zwei Autos auf dieser schmalen Strasse aneinander vorbeikommen sollen. Eine Lösung gibt es immer, das haben wir bereits gelernt.

Die Strasse windet sich den Hang hoch. Kleine Siedlungen liegen am Weg. Zwei Jeeps kommen uns entgegen, glücklicherweise an günstigen Stellen. Es geht um Zentimeter, daran haben wir uns ebenfalls gewöhnt.

Als wir in Lingdem aussteigen, beginnt es zu regnen. So nehmen wir nicht nur den Lunch sondern auch die Schirme mit und steigen über Treppen an Häusern vorbei, überqueren eine Hängebrücke und erreichen das mintgrüne Badehaus bei der heissen Quelle. Die Tür ist mit einem Vorhängeschloss gesichert. Das heisst, dass Bhila noch einmal ins Dorf hinunter rennen muss, um den Schlüssel zu besorgen. Doch seine Mühe ist vergebens. Es gibt keinen Schlüssel. Einfach den Riegel beiseite schieben!
Links befindet sich der Vorraum zum Frauenbad, rechts zum Männerbad. Bhilas Befürchtung bestätigt sich: Die Abflüsse der Innenbäder sind verstopft, dadurch staut das Wasser. Es ist lauwarm und trüb. Keine Freude.
Also gehen wir nach draussen. Dort sprudelt ein kräftiger Wasserstrahl ins leere Becken. Bhila verschliesst den Abfluss mit einem Stein. Das warme Wasser riecht schweflig. Langsam füllt sich das Becken. Unterdessen machen wir uns badefertig. Ich ziehe meine dunkelblaue Pyjamahose an und ein T-Shirt dazu, Brigitte ihr knielanges Nachthemd. Die Jungs tragen Bermuda-Shorts und ärmellose T-Shirts. Da es regnet, nehmen wir Frauen die Schirme mit ins Becken. Nasse Haare bekommen wollen wir ja nicht. Das Wasser ist sehr warm, fast heiss. Bald ist es tief genug, dass wir uns setzen können. Die Wärme entspannt. Immer wieder brechen wir in Lachen aus. Es ist einfach zu komisch, in dieser ungewöhnlichen Bekleidung, mit geöffneten Schirmen, halb liegend im dampfenden Wasser zu plantschen. Nach einer halben Stunde beenden wir das Bad, ziehen uns wieder um und fühlen uns wohlig warm.

Nun sind wir hungrig. Zuerst gibt es Chai aus der Thermosflasche. Bhila und Dipesh bereiten den Lunch vor. Als Dessert haben sie Kuchenstücke mit weisser und rosaroter Cremefüllung gekauft. Das könnte heikel sein, weil wir nicht wissen, woraus sie besteht und wie frisch sie ist. Dipesh und Bhila sind nicht etwa traurig, dass wir verzichten.

Zwei Männer und eine Frau kommen von der Brücke zum Badehaus. Die Frau blickt skeptisch. Die Männer unterhalten sich eine Weile mit Bhila. Drinnen kann man nicht baden und draussen behagt es der Frau nicht. Es regnet wieder stärker. Dass wir die Zeit hier so ungestört verbringen konnten, verdanken wir natürlich genau diesem Umstand. Wir sind ganz zufrieden damit.

Wie versprochen, warten die drei Leute unten im Dorf auf uns. Sie sind mit einem Mahindra 4x4 unterwegs und könnten uns helfen, falls wir steckenbleiben sollten. Natürlich fahren sie schneller, halten aber immer wieder an, bis wir aufgeschlossen haben. Diesmal bewältigt Dipesh die schwierigen Stellen ohne Probleme.

Bald sind wir zurück in Namprik. Dort parkiert Dipesh das Auto in einem abschliessbaren Hof. Wir steigen aus und nehmen unser Gepäck mit. Die Brücke, die über die Tista führt und den Zugang nach Tingvong ermöglicht, wurde im August 2016 durch einen gewaltigen Erdrutsch verschüttet. Die kahle Fläche am Hang wirkt noch immer wie eine Wunde. Durch die Gesteinsmassen wurde der Fluss gestaut. Es bildete sich ein Delta mit Sandbänken und mäandernden Flussarmen. Lange Zeit konnte nur per Boot hinübergesetzt werden. Seit 2018 gibt es eine Behelfsbrücke.

Unser Auto ist für das Gelände auf der andern Flussseite nicht geeignet. So müssen wir warten, bis wir von drüben abgeholt werden. Bhila führt uns in den ersten Stock eines Hauses. Dort befindet sich ein kleines Restaurant. Ein paar Männer gamen mit ihren Smartphones. Es geht laut zu und her.

Brigitte und ich dürfen uns in die Küche setzen. In der Mitte, über dem offenen Feuer steht ein grosser Topf. Gebäck schwimmt im heissen Öl. Die Köchin, mit einem Säugling am Rücken, bewegt die Stücke mit einer Schaumkelle. Auf dem Gasherd an der Wand bereitet sie frischen Chai zu, den wir bald trinken werden. In einem anderen Topf kocht sie ein Nudelgericht, das sie in mehrere Schalen verteilt und obendrauf die in einer Bratpfanne gebrutzelten Eieromeletten legt. Das wird den zockenden Männern serviert.

Bhila weiss nicht, wie lange wir noch warten müssen. Draussen regnet es. Hier drin ist es warm, gemütlich und interessant. Im gegenüberliegenden Haus auf dem unfertigen obersten Stockwerk sind ebenfalls Leute, die kochen und essen, kommen und gehen. Endlich bringt uns Bhila die frohe Botschaft, dass die Reise weitergeht. Als wir die Treppe hinuntersteigen, nimmt ein aufgeregtes Huhn seine Küken unter die Flügel. Auf der Strasse watscheln ein paar Enten im Schlamm.

Fotos:
Brücke zur heissen Quelle | Umziehraum im Badehaus

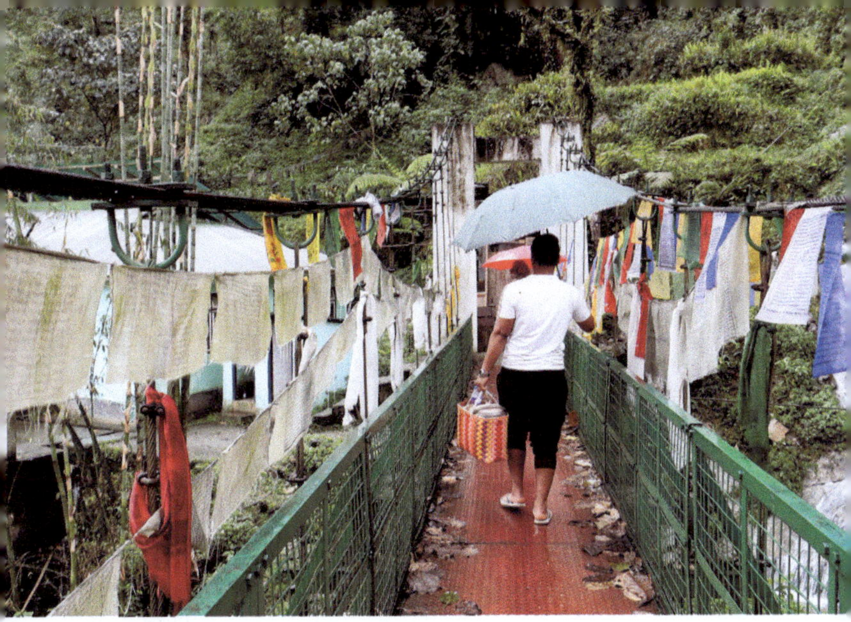

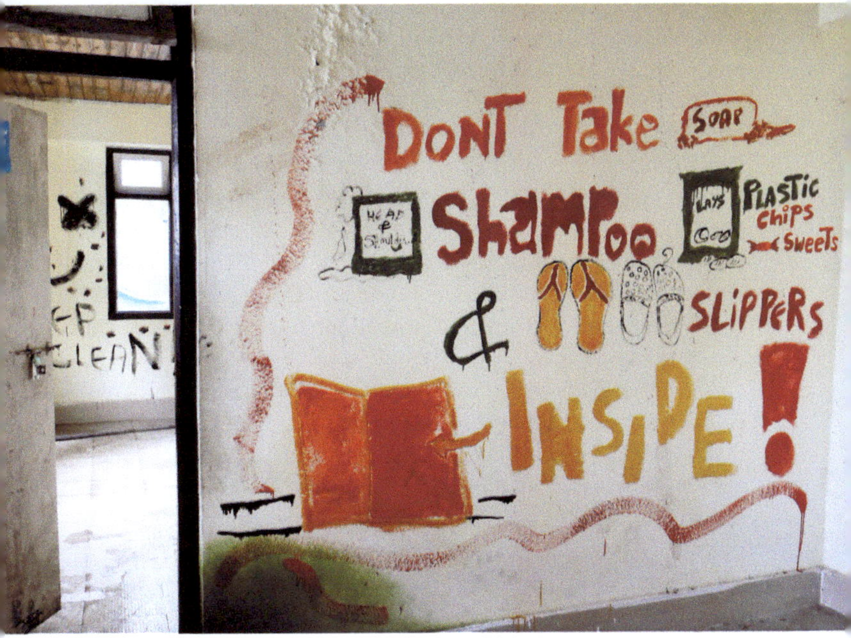
DONT Take
SOAP
Shampoo
LAYS
PLASTIC
chips
sweets
&
SLIPPERS
INSIDE!

Ein kleiner schwarzer 4x4 Pick-up steht für uns bereit. Der junge Fahrer heisst Sangay Lepcha und ist der Sohn des Familienhauses in Tingvong, wo wir für zwei Tage bleiben werden. Lepcha ist der Nachname und bezeichnet die Ethnie.

Nun sollen wir also in dieses Fahrzeug einsteigen. Kein Problem. Brigitte und ich teilen uns den Vordersitz. Bhila und Dipesh hieven das Gepäck auf die offene Ladefläche und steigen dort hinauf. Es regnet nicht mehr, doch wie wir später erfahren, waren die Sitzkissen der seitlichen Bänke mit Wasser vollgesogen.

Der Weg ist sehr steil und sehr holperig, eigentlich unbefahrbar. Und doch geht es. Für Sangay ist es Routine, und er hat sogar noch Kapazität, mit uns eine kleine Konversation zu führen. So erfahren wir, dass er Bauingenieur ist und in Gangtok beim Tiefbauamt arbeitet. Da momentan Wahlen sind, läuft es nicht wie üblich. Er hat Zeit, ein paar Tage zu Hause zu verbringen.

An einem steilen Wegstück kommen uns von oben Kinder entgegen. Da kreuzen nicht möglich ist, warten wir, lassen sie vorbei und erwidern die freundlichen Gesten.

Die Schüttelfahrt dauert eine gute halbe Stunde, dann sehen wir die ersten Häuser von Tingvong. Sie liegen weit verstreut auf 1400 m ü. M. Das Homestay befindet sich an einem sanft abfallenden Hang, umgeben von Gärten und kleinen Feldern. Es macht einen freundlichen Eindruck. Hühner überwachen ihre Küken, eine Katze streift umher, junge Hunde spielen vor der Eingangstreppe.

Zuerst trinken wir in der geräumigen Küche heissen Chai. Auch hier brennt ein Feuer im Lehmherd. Der Esstisch hat (für uns) normale Höhe und bietet Platz für zehn Gäste. Hinten im Raum befinden sich ein niedriger Tisch und eine Eckbank mit Kissen, dort schläft ein Mann. Wie sich später herausstellt, ist es der Hausherr. Im Fernseher auf der Kommode läuft ein Mannschaftsspiel.

Der Weg zu den Zimmern führt über eine Veranda. Wir sind nicht die einzigen Gäste. Eine indische Grossfamilie ist ebenfalls hier untergebracht. Entsprechend lebendig geht es zu und her. Wir bekommen das Eckzimmer mit Ausblick in die Berge. Es ist das schönste, da bin ich mir sicher.

Weil das Homestay ausgebucht ist, teilen wir uns das Zimmer. Als erstes hängen wir unsere Badewäsche ans Geländer der Veranda und hoffen, dass sie trotz des regnerischen Wetters bald trocknet. Für Bhila und Dipesh gibt es im Aufenthaltsraum zwei Matratzen. Sie nehmen es, wie uns scheint, gelassen hin.

Unsere Essenszeit ist für 19 Uhr vorgesehen. Wir gehen bereits etwas früher in der Küche. Der Hausherr Dupden Lepcha, der Vater von Sangay, offeriert uns Hirsebier. Dazu gibt es knusprige Gemüsepakoras. Das Chang hier schmeckt alkoholischer als jenes in Kewzing. Dupden setzt sich in einen Stuhl am Fenster und erklärt uns, dass der Gärprozess durch verschiedene Faktoren beeinflusst wird. Er scheint müde zu sein. Um etwas zu reden, sage ich, dass das Leben hier im Dzongu sicher «very special» sei. Er schaut mich etwas spöttisch an und antwortet, dass manche Leute es ziemlich hart fänden.

In der Küche arbeiten die Hausfrau und ihre Schwägerin. Zusätzlich zum Holzfeuer gibt es einen Gasherd und einen elektrischen Reiskocher. Dipesh hilft den Frauen. Er steht am Lehmherd und rührt in einem Topf. Wir giessen noch etwas heisses Wasser über die vergorene Hirse, dann ist unser Essen bereit.

Der Reis wird auf traditionellen Metalltellern gereicht, dazu gibt es Kartoffeln, zarte Pouletstücke mit Gemüse und über dem Feuer geröstetes Papadam. Dass wir nur noch vegetarisch essen wollen, ist nicht durchgedrungen. Zum Glück, denn hier schmeckt alles sehr gut und ist herzhaft gewürzt. Wir essen mit gutem Appetit.

Dass man in diesem Haus an viele Gäste gewöhnt ist, erkennen wir an den Wassergläsern und den ausgelegten Tischsets. Das Besteck steht zur Selbstbedienung in Körbchen bereit. Die indische Gruppe zählt etwa fünfzehn Personen. Da am Tisch nur zehn Plätze verfügbar sind, wird in Schichten gegessen. Frauen und Kinder essen getrennt von den Männern.

Auf meinen früheren Reisen habe ich gelernt, dass die Essenszeiten verbindlich sind. Wenn man um 19.30 Uhr zum Essen gebeten wird, ist zu diesem Zeitpunkt alles bereit. Doch wie wir erlebt haben, funktioniert das nicht in jeder Küche gleich gut. Hier in Tingvong klappt es perfekt.

Nach dem Essen kehren wir zurück in unser Zimmer. Auf der Veranda steigen wir über einen schlafenden Hund und verwehren einer Katze den Eintritt.

Die Chancen stehen gut, dass das Badezimmer jetzt gerade frei ist. Die gefliese Toilette mit Waschbecken, Wasserhahn und Eimer wird von allen benützt. Sie ist recht sauber und geräumig.

Die Nacht ist laut. Die indischen Gäste pflegen einen extrovertierten Lebensstil, unterhalten sich angeregt und fröhlich. Die Männer sitzen bis Mitternacht auf der gedeckten Veranda. Die Atmosphäre ist angenehm. Der Lärm stört mich nicht wirklich. Die Hunde bellen, winseln, jaulen und jagen in der Gegend herum. Irgendwann schlafe ich ein.

Ringhim – Tingvong ca. 37 km
Unterwegs von 9.30 – 16 Uhr

Fotos:
Garten in Tingvong | Blick hinters Haus

83

Tag 9: Tingvong: Umgebung, Schule, Kloster

Wanderung in Tingvong

Glücklicherweise kräht der Hahn auf der andern Seite des Hauses. Um 5.30 Uhr dämmert es. Wir brauchen bloss die Augen zu öffnen und den Kopf etwas anzuheben, um das prächtige Panorama zu bewundern. In der aufgehenden Sonne leuchten die Schneeberge in einem rosa angehauchten Gelbgold. Noch glauben wir, den Kangchendzönga vor uns zu sehen. Später erfahren wir, dass es der Mt. Kabur North und der Mt. Pandim mit einer Höhe von 6708 m ü. M. sind.

Schnell stehen wir auf, ziehen die Jacken an und nehmen die Fotoapparate mit. Überall öffnen sich die Zimmertüren. Auch unsere Mitgäste fotografieren freudig. Wir steigen auf die Dachterrasse, um einen besseren Überblick zu haben. Dort baumelt neben meinem Kopf ein luftgetrockneter Schinken. Je höher die Sonne steigt, desto blasser wird das Licht. Von Westen her ziehen ein paar Wolken auf.

Die Körperpflege verschieben wir auf später und holen in der Küche eine Tasse Tee, die uns aufwärmt. Die Hausfrau ist bereits an der Arbeit und walzt kleine Teigkugeln zu Rondellen aus. Ein Bub hockt am Boden und schält gekochte Kartoffeln.

Unser Morgenspaziergang führt uns zuerst einmal ums Haus herum. Hangseitig ragen die steilen bewaldeten 3000er Berge auf. Vor dem Haus, in südlicher Richtung, liegen im leicht abfallenden Gelände die Hausgärten und Pflanzungen. Auf der anderen Talseite zeigt sich ein Panorama aus nahen und fernen Bergketten. Die Sonne wärmt bereits angenehm. Junge Hunde liegen auf den warmen Steinplatten. Ihre Neugier ist anrührend.

Unsere Schuhe oder den Fotoapparat zu beschnuppern, scheint aufregend zu sein. Eine Hündin säugt geduldig ihre Welpen. Bei der Wasserstelle im Garten hockt eine alte Frau und rüstet Gemüse, das sie in einen Kochtopf wirft. Die Wäsche an den Leinen wird heute bestimmt trocknen. Am Wegrand zum Nachbarhaus ragen Bambusstangen in die Höhe, daran flattern Gebetsfahnen. Dazwischen entdecken wir eine Parteifahne der SDF. Elektrische Leitungen gehören ebenfalls mit ins Bild.

Aus den Teigrondellen ist feines Fladenbrot entstanden, das wir in einer gut gewürzten Suppe tunken. Nach dem nahrhaften Frühstück sind wir bereit für einen Streifzug durch die Gegend von Tingvong mit seinen weit verstreuten Siedlungen. Obwohl das Wetter wunderschön ist und die Sonne heiss brennt, empfiehlt uns Bhila Schirm und Regenjacke mitzunehmen.

Der Weg führt uns bergwärts durch das Dorf. Wir treffen eine Frau vor ihrem Haus und dürfen einen Blick in ihre ordentlich aufgeräumte Küche mit Lehmherd werfen, die sich traditionellerweise in einem einfachen Nebengebäude befindet. Die Frau schenkt uns eine Handvoll Blätter, die aufgegossen wie Schwarztee schmecken sollen, obwohl sie nicht von einer Teepflanze stammen.

Weiter steigen wir zur Government Secondary School auf, einem hellgrünen Gebäude in luftiger Höhe. Die Wandbilder an der seitlichen Fassade geben einen Überblick über die Geografie von Sikkim und Upper Dzongu, ebenso über die wichtigsten Zahlen zu Flora und Fauna. Zum Beispiel gibt es 300 Sorten Farn, 450 Sorten Bambus und 50 verschiedene Orchideenarten.

Am kleinen roten Nebengebäude steht der Wochen-Menüplan auf einer Schiefertafel: Reis und Linsen, Reis und Gemüse oder Khichdi. Khichdi ist ein scharf gewürztes Eintopfgericht aus Reis mit Linsen oder Bohnen. Wahrscheinlich variiert der Wochenplan nicht. Reis und Linsen sind das tägliche Brot.

Vom Schulhaus geht es direkt in den dichten Wald hinein und weiter bis zum Kloster von Tingvong. Ein schöner ruhiger Ort. Leider ist es geschlossen und niemand zu finden, der uns das Eingangstor öffnen könnte.

In respektvollem Abstand folgen uns zwei Hunde, die jedes Mal warten, wenn wir stillstehen. Bhila zeigt uns viele verschiedene Pflanzen, die für allerlei medizinische Zwecke verwendet werden. Ein Geräusch im Wald kommt mir bekannt vor. Säger sind an der Arbeit. Ein schmaler Pfad im Gebüsch führt zu ihnen hinunter. Auf einem Arbeitsgerüst werden Baumstämme von Hand zu Brettern gesägt. Auch hier tragen die Männer goldfarbene Gummistiefel. Sie machen uns darauf aufmerksam, dass es in einer Stunde regnen werde. Bhila sieht, dass es rundum von Blutegeln wimmelt. Seine nackten Waden sind Leckerbissen. Schnell stopfen wir die Hosenbeine in die Socken.

Die Hunde folgen uns noch immer. Bhila sammelt die Stängel einer Pflanze, die reich an Vitamin C ist und zu Pickles verarbeitet werden kann. Stellenweise ist der Wald von dichtem Bambus bewachsenen, dann wieder von hohen Laub- und Nadelbäumen, die von Schmarotzerpflanzen umschlungen sind. An lichten Stellen ist der Waldboden mit sattgrünen Moosen und Farnen bedeckt.

Nach einer Stunde in diesem märchenhaften Dschungel beginnt es tatsächlich zu tröpfeln. Bhila empfiehlt uns neben Schirm und Jacke auch die Rucksackhülle zu verwenden. Und wir tun gut daran.

Bei den ersten Häusern und Pflanzungen begegnen wir am Wegrand einem Paar, das mit einer Zweihandsäge einen Stamm in Stücke sägt, um sie später zu spalten und als Brennholz zu verwenden. Unser nimmermüder Bhila entschliesst sich, den beiden zu helfen und übernimmt den Part der Frau. Es dauert nicht lange, bis der Stamm zersägt ist. Fröhliche Freundlichkeit, wie so oft in diesem Land.

Weiter talwärts, bei einem Unterstand fällt mir ein grosses Chromstahlteil auf. Mir ist sofort klar, dass es sich um einen Milchtank handelt. Er ist noch in Plastik eingeschweisst. Daneben steht ein Stromaggregat, ebenfalls neu und nicht in Betrieb. In solchen Tanks mit Rührwerk wird Milch gesammelt und gekühlt, um anschliessend von einem Fahrzeug abgeholt und in eine Molkerei gebracht zu werden. Ob die Absicht besteht, das hier so zu organisieren? Wenn dem so wäre, müssten die Bauern mehr Milch produzieren, als sie für den Eigenbedarf benötigen. Bhila steht ebenfalls vor einem Rätsel. Ob die Ausrüstung von einem Hilfswerk stammt?

Immer wieder zeigen sich schöne Fernblicke. Der «Guard of Dzongu» ist ein zapfenförmiger Berg und steht tatsächlich wie ein Wächter in der Landschaft. Es regnet mal heftig, mal gar nicht. Im nächsten Waldstück macht uns Bhila auf eine religiöse Opferstätte aufmerksam. Ein moosiger Felsbrocken ist mit Stäbchen besteckt. An Bambusschnüren baumeln kleine Beutel aus Blättern, aus manchen spriessen Pflanzen, an andern sind reife Ären befestigt.

Als sich der Wald lichtet, erkennen wir auf der anderen Talseite winzig klein das mintfarbene Badehaus von Lingdem. Bhila zeigt in den Himmel. Ein Adler zieht seine Kreise. Unverkennbar die fingerartigen Enden der Schwingen. Doch woher stammt das fürchterliche Geschrei und tierische Geheul?

Bhila erklärt es so: Mit den tierähnlichen Lauten vertreiben die Menschen den Adler, weil er für viele kleine Tiere eine Gefahr bedeutet. Mit dem Geschrei wird nicht nur der Adler vertrieben, sondern die Jungtiere lernen, es als Gefahrensignal zu erkennen und bringen sich in Sicherheit, indem sie bei den Muttertieren Schutz suchen. Küken sind eine beliebte Beute, auch Hundewelpen sind nicht sicher. Der Adler scheint hartnäckig zu sein, er lässt sich nicht so einfach vertreiben. Noch lange hören wir das Geschrei an- und abschwellen.

Um 13.30 Uhr sind wir zurück im Homestay. Reis, Brennnesselsuppe, Kartoffeln mit gekochten Eiern in einer würzigen Sauce, Kohlraben-Gemüse und dazu die von Bhila gesammelten, kleingeschnittenen Pflanzenstängel an Chilimarinade schmecken uns sehr gut.

Die Sonne scheint wieder kräftig. Unsere Badewäsche auf der Veranda ist fast trocken. Ich habe beobachtet, wie eine Frau draussen am Brunnen ihre Haare gewaschen hat, das werde ich nun ebenfalls tun. Das kalte Wasser erfrischt und macht mich wieder munter.

Nachher beschäftige ich mich mit meinem Smartphone. Ausser mir haben alle andern 4G-Empfang. Die verschiedenen Empfehlungen, mich an diese oder jene Hausecke zu stellen, helfen nicht. Erst Brigittes Idee, es herunterzufahren und neu zu starten, löst das Problem. So kann ich endlich wieder einmal ein Lebenszeichen nach Hause schicken.

Bhila hat sich ein spezielles Nachmittagsprogramm ausgedacht. Es findet in der Küche statt. Wir sollen lernen, wie man das traditionelle Gebäck herstellt, das hier überall zum Tee gereicht wird. Die dreidimensionale Form erinnert an eine kleine Pagode. Ich kann mir nicht vorstellen, wie man mit weichem Teig so etwas Filigranes formen kann. Weil das Gebäck zum süssen Chai passen soll, gibt man anstatt Zucker ein wenig Salz in den Teig, der aus Wasser, Mehl, etwas Glutamat, schwarzem Kümmel und einer Prise Backpulver besteht.

Wir setzen uns an den niedrigen Tisch in der Fernsehecke. Auch Dipesh gesellt sich dazu. Die Hausfrau zeigt uns, wie sie vorgeht. Der ausgewalzte Teig wird zu einem Rechteck geschnitten und dieses in 10 cm breite Streifen. Die Streifen faltet man der Länge nach und schneidet sie in Stücke von etwa 6 cm. Diese Teile werden an der gefalteten Seite in zentimeterbreiten Abständen eingeschnitten und zwar bis 1 cm an die Kante. Bis hierhin ist alles klar und relativ einfach. Nun folgt die Kunst, die eine gewisse Fingerfertigkeit erfordert. Bhila zeigt uns, wie man die eingeschnittenen Teigstücke auffaltet, über den Zeigefinger legt, die Kanten unten aufeinander drückt und mit den

Fingern der andern Hand jedes Streifchen oben einkneift und gleichzeitig etwas hochzieht, mal richtet man es nach rechts, mal nach links, so entsteht die pagodenartige Form. Der Name des Gebäcks ist so kompliziert wie seine Herstellungsweise: «Khabjay Kapsy».

Die Hausfrau lehrt uns geduldig, lächelt freundlich über unsere Ungeschicklichkeit und sicher auch über unsere Freude, wenn eines gelingt. Eine Frau aus der Grossfamilien-Gruppe gesellt sich zu uns. Es ist keineswegs so, dass sie es besser könnte. Sie übt genauso eifrig wie wir. Dipesh sorgt für etwas Auflockerung, indem er fantasievolle Eigengebilde kreiert.

Am Schluss werden die Teigresten zu einfachen Rhomboiden geschnitten. In dieser Form heissen sie «Namkin» und sind die indische Variante, praktisch und schnell hergestellt. Bhila steht am Herd und überwacht das Gebäck, das im Öl frittiert wird. Schon bald können wir unsere Kunstwerke probieren, dazu trinken wir Tee, den Bhila aus den Baum-Blättern gebrüht hat, die wir heute Morgen von der Frau bekommen haben.

Danach geht es weiter mit den Vorbereitungen fürs Abendessen. Die indische Grossfamilie wünscht sich Momos. Diese im ganzen Himalaja-Gebiet verbreitete tibetische Spezialität ist überall sehr beliebt. Und natürlich wollen wir lernen, wie Momos hergestellt werden! Die Stimmung in der Küche ist recht heimelig, so dass wir gerne noch etwas bleiben. Ab und zu schleicht ein Hund herein, verdrückt sich in eine Ecke, bis er mit tierischem Geschrei vertrieben wird. Auch die uralte Katze sucht sich ein Plätzchen. Sie wird geduldet.

Dupden, der Hausherr, schneidet einen Spitzkabis in feinste Streifen und gibt sie in eine Schüssel. Dazu kommen gehackte Zwiebeln, Ingwer, flüssige Butter (Ghee), Glutamat und Salz. Die Hausfrau bereitet einen Teig aus Reismehl und Wasser zu. Doch die Herausforderung beim Herstellen von Momos sind weder Teig noch Füllung, sondern das Formen der gefältelten Taschen.

Zuerst wird der Teig zu langen Würsten geformt, dann in kleine Teile gezupft. Diese rollen wir in den Handflächen zu Kugeln. Die Hausfrau walzt sie mit einem Holz zu Rondellen aus, deren Durchmesser ca. 8 cm beträgt. Dass praktisch alle die gleiche Grösse haben, ist eine nicht zu unterschätzende Kunst.

Dupden legt eine Rondelle in die linke Hand und gibt etwas Füllung darauf. Dann fältelt er mit Zeigefinger und Daumen derselben Hand den linken Rand und drückt dabei die Fältchen mit den Fingern der rechten Hand an den rechten Rand der Rondelle, und schon ist das Teilchen fertig: Ein klassisch geformtes Momo. Zuschauen ist das eine, selber machen das andere. Geduldig zeigt er es immer wieder. Genaugenommen liegt das Teigplätzchen auf Mittel-, Ring- und Kleinfinger, Zeigefinger und Daumen formen die Fältchen. Dipesh macht es gut, Brigitte und ich brauchen noch etwas Übung. Mit jedem Stück geht es besser.

Die fertigen Momos kommen in einen mehrstöckigen Steamer. Bhila stellt den Turm auf den Lehmherd. Die Hitze wird reguliert, indem die brennenden Scheite, Äste oder dünnen Baumstämme etwas hinausgezogen oder hineingeschoben werden. Nach zehn Minuten sind die Momos gar. Doch unsere Arbeit ist noch lange nicht fertig, die Hausfrau rechnet acht Stück pro Person. Natürlich könnten wir jederzeit aufhören, doch es gefällt uns in dieser warmherzigen und gemütlichen Familienrunde.

Um 18 Uhr sind wir wieder im Zimmer, sitzen auf unseren Betten mit den Füssen im Schlafsack. Die Wände sind dünn. Bestimmt hören uns die Nachbarn ebenso gut, wie wir sie. Dipesh klopft an die Glastür und fragt, ob wir Hirsebier möchten. Dupden kommt gleich selber vorbei und stellt mit Dipesh zusammen einen kleinen Tisch in unser Zimmer. Chang und Popreis – uns geht es gut!

Das Nachtessen wäre für 20 Uhr vorgesehen, doch die indischen Männer sitzen noch immer am Tisch. Wahrscheinlich schmecken die Momos! Nach einer halben Stunde ist es soweit. Die Hauptspeise ist Reis mit Fisch an gut gewürzter Sauce und fein geschnittener Broccoli. Natürlich sind auch ein paar Momos für uns übrig geblieben.

Dupden sitzt im Stuhl am Fenster und erzählt uns von den Trekkings, die hier starten. Jetzt, da wir uns bei der gemeinsamen Küchenarbeit etwas angefreundet haben, ist er ein charmanter Unterhalter. Weil Dzongu eine teilweise selbstverwaltete Region ist, müssen die Trekkings von der Bevölkerung bewilligt und selber durchgeführt werden. Für zwei Wochen mit acht Personen braucht es 40 Helfer, das sind praktisch alle Männer des Dorfes. Dupden ist Koordinator und Organisator. Mehr als zwei bis drei Trekkings pro Jahr liegen nicht drin, da die Bewohner als Bauern und Selbstversorger für ihre tägliche Arbeit ebenfalls Zeit und Kraft brauchen.

Es gibt Trekkings zwischen sehr streng und leicht, von 7 bis 14 Tagen Dauer. Die Kosten belaufen sich bei vier bis acht Teilnehmenden auf ca. 140 Dollar pro Person und Tag. Es muss schön sein, in dieser archaischen Landschaft längere Zeit zu Fuss unterwegs zu sein.

Vor dem Einschlafen schaue ich das Video nochmals an, das ich von Dupden beim Falten der Teigtaschen aufgenommen habe. Ich werde noch davon träumen.

Wanderung in der Umgebung von Tingvong, ca. 7 km
Unterwegs von 9.30 – 13.30 Uhr

Fotos:
Bhila mit Khabjay Kapsy und Namking

Tag 10: Namprik, Mangan, Chungthang, Lachen

Das Seitental von Lachen

Um 5.30 Uhr erwache ich und wie bereits gestern, sehe ich vom Bett aus, dass der Himmel klar ist und die Berge im Morgenlicht strahlen.

Schnell sind wir angezogen und draussen auf der Veranda. Auch unsere Mitgäste sind am Staunen. Es ist seltsam still und die Stimmung fast ehrfürchtig bei so viel erhabener Schönheit.

Später hole ich Tee in der Küche. Die Hausfrau gibt uns ein paar knusprige Khabjay Kapsy dazu. Um 8 Uhr ist das Frühstück bereit. Zum Puri, dem luftig frittierten Fladenbrot, werden Suppe und kleine Kartoffeln mit grüner Sauce gereicht.

Nach dem Essen sollen wir uns ins Gästebuch eintragen und einen Kommentar dazu schreiben. Das fordert uns immer wieder heraus. Zusammen geht es ganz ordentlich.

Nun haben wir Gelegenheit, unsere Mitbringsel zu übergeben. Eine Schokolade für die Familie, Farbstifte für die Kinder – wie in vielen Familien gibt es auch hier Pflegekinder –, einen roten Bleistift für die Hausfrau und Spielwürfel für Dupden. Mit ein paar Selfies und Gruppenfotos schliessen wir unseren Besuch ab.

Der schwarze Jeep steht bereit. Unsere Taschen sind aufgeladen. Dupden sitzt am Steuer, Brigitte und ich teilen uns den Vordersitz. Bhila, Dipesh, Sangay und ein Gast aus der Gruppe steigen hinten auf. Die steilen Wegpassagen sind abenteuerlich. Wir vertrauen darauf, dass Dupden den Jeep im Griff hat. Auf halbem Weg übernimmt Sangay das Steuer. Sein Vater hat noch etwas zu erledigen unterwegs.

Der Gast, der mitfährt, ist Arzt und gehört mit seiner Frau und der kleinen Tochter zur Grossfamilie. Er muss in Namprik etwas besorgen. Wie wir beobachtet haben, geniessen die indischen Touristen vor allem das frische Klima. Sie spazieren, fotografieren, sitzen auf der Veranda, lachen und diskutieren. Wenn es regnet, sitzen sie auf den Betten herum und reden weiter, auch abends bei Licht, mit offenen Zimmertüren und Vorhängen. Das Homestay ist für sie wie eine grosse Familienwohnung.

Die Frau des Arztes war manchmal mit uns in der Küche und hat ihrem Kind zu Essen gegeben. Immer nur weissen Reis. Ich wollte sie fragen, ob das Mädchen krank sei. Doch wie ich schon oft erfahren habe, erschrecken manche Frauen, wenn sie direkt angesprochen werden. Ob sie wirklich kein Englisch verstehen, weiss ich nicht. Ausser dem gegenseitigen Anlächeln gibt es kaum Möglichkeiten zum Austausch. Auch mit der Hausfrau hatte ich gestern Nachmittag beim Werken in der Küche einen guten emotionalen Kontakt, aber eben: praktisch ohne Worte.

An einem steilen Wegstück hält Sangay unvermittelt an. Schnell sehen wir warum. Was für ein prächtiger Anblick! Der schneebedeckte Kangchendzönga scheint in den aufsteigenden Wolken zu schweben. Im Vordergrund, in eigentümlichem Kontrast dazu, steht der dunkelgrüne zapfenförmige Guard of Dzongu. Wir steigen aus und fotografieren. Später werde ich dieses Bild als Buch-Cover wählen.

Unten am Fluss, am Ende der abenteuerlichen Fahrt, kommt uns auf der durch den Erdrutsch entstandenen Sandbank ein Fahrzeug entgegen. Am Fenster flattert die Fahne der aktuellen Regierungspartei SDF. Sangay bremst ziemlich scharf. Im Nu zaubert er die Fahne der SKM hervor. Nun geht das Geschrei erst richtig los. Ich brauche einen Moment, um zu realisieren, dass die jungen Männer nicht aggressiv, sondern übermütig sind. Wie wir erfahren, sitzt im andern Auto Sangays Bruder.

Als wir Sangay später fragen, ob er SKM Anhänger sei, sagt er, dass ein Regierungswechsel nötig wäre, doch er habe die Fahne vor allem dabei, um seinen Bruder zu ärgern. Er selber werde wahrscheinlich wählen wie sein Vater.

Zurück in Namprik steigen wir in unseren komfortablen Innova um und fahren zurück nach Mangan. Die Tankstelle kennen wir bereits. Nun will ich es noch einmal genau wissen:
«Warum wird das Auto geschaukelt beim Tanken?»
Bhila weiss schon, dass wir Touristen das nicht verstehen und auch nicht glauben wollen, weil es nichts Wissenschaftliches ist. Es ist eine Erfahrung, die sie hier machen. Wenn der Tank ständig möglichst voll ist, braucht es weniger Benzin.

Der markierte Aussichtspunkt an der Strasse bietet einen letzten schönen Blick zurück ins Dzongu-Gebiet. Wir sehen die grosse Scharte, die der Bergrutsch hinterlassen hat, den Fluss im Tal und die Schneeberge am Horizont.
Beim kleinen Naga-Fall trinken wir Chai. Die Frau am Kiosk ist gerade dabei, frische Momos zuzubereiten. Wir staunen, wie perfekt sie geformt sind. Der Teig ist sehr dünn, fast transparent. Wir kaufen eine Portion und probieren sie. Die Momos sind nicht nur schöner als unsere, die wir gestern gemacht haben, sie enthalten auch mehr Füllung und schmecken würziger, finde ich.

Bald treffen wir in Chungthang ein. Von dort führt eine Strasse ins Tal von Lachung und eine andere ins Tal von Lachen, das unser heutiges Ziel ist. In der übervollen Cafeteria, die sich am oberen Rand der Ortschaft befindet, bestellt uns Bhila gebratene Nudeln. Bis sie fertig gekocht sind, geniessen wir draussen auf dem Parkplatz die Aussicht. Ein paar Militärs stehen herum. Es ergibt sich ein freundliches Gespräch mit einem jungen Nepali, der hier als Soldat «arbeitet». Mein Trekking zum Annapurna Base Camp ist ein dankbares Thema. Er stammt aus Pokhara, wo ich mich ebenfalls aufgehalten habe.

Das Tal nach Lachen ist eng und die Vegetation weniger üppig als im Dzongu. Je weiter wir nach Norden gelangen, desto steiler und karger werden die Hänge. Die Strasse steigt auf eine Höhe von 2800 m ü. M. an. Auf einem ersten Plateau befinden sich militärische Anlagen. Danach fahren wir auf gleichbleibender Höhe nach Lachen.

Um 15 Uhr treffen wir dort ein. Der Ort ist mit etwas weniger als 200 Häusern grösser, als ich erwartet habe. Die Blumentöpfe auf den Balkonen fehlen, dafür sind die Fassaden in kräftigen Farben bemalt. Es gibt einige Hotels und kleine Läden. Touristen flanieren durch den Ort. Das habe ich in Sikkim bisher noch nicht beobachtet.

Auf einem schmalen Fussweg erreichen wir das Homestay und gelangen über eine Treppe in den ersten Stock des Hauses. Was wir antreffen, verblüfft uns. Wir betreten eine grosse, ordentlich aufgeräumte, blitzblanke Küche mit Schränken und Regalen voller Geschirr und glänzender Töpfe. Auf den ersten Blick erkennen wir, dass es hier aussergewöhnlich sauber ist.

Wir trinken Chai. Die Hausfrau mit ihrem sympathischen Lächeln ist zurückhaltend freundlich, doch sie spricht kein Englisch. Bhila hilft uns.

Das Haus besteht aus zwei Etagen. Auf dem rechten Teil des Gebäudes wurden zwei zusätzliche Gästezimmer turmartig aufeinander gebaut. Unser Zimmer mit Holzboden und halbhohem Täfer wirkt einladend. Wir haben ein eigenes sauberes Bad. Es gibt zwar keine Dusche, dafür WC, Wasserhahn mit Eimer und ein Waschbecken. Im hellen Zimmer mit den zwei Fensterfronten steht sogar ein Gestell, wo die Kleider aufgehängt werden können. Alles ist farblich aufeinander abgestimmt. Die Wände sind hellgrün, die Vorhänge orange, die dünnen Gardinen verziert mit orangen Blumenornamenten, die Wolldecken auf den Betten grün und orange gemustert. Es ist das schönste und komfortabelste Zimmer auf dieser Reise, das empfinde ich in diesem Moment jedenfalls so.

Um 17 Uhr kommt Bhila nochmals vorbei. Er empfiehlt uns, einen Spaziergang durch Lachen zu unternehmen, und legt uns ans Herz, ja aufzupassen, dass wir den Rückweg zum Homestay wieder finden. Er und Dipesh werden sich nun ebenfalls nach einer Unterkunft umschauen. Sie könnten zwar im gleichen Haus schlafen wie wir, doch sie wollen etwas Günstigeres finden.

Wir spazieren durch die Hauptstrasse und stellen fest, dass die flanierenden Menschen allesamt indische Touristen sind. Der Weg führt aus dem Dorf hinaus. Beim letzten Haus kehren wir um. Es ist dunkel geworden, die Lichter gehen an.

Auf dem Rückweg werden wir von jungen Männern angesprochen: «Are you foreigners?» An unseren Antworten sind sie nicht sonderlich interessiert, sagen uns jedoch, dass Lachen für sie der schönste Ort der Welt sei. Weiter unten sehen wir vor einem Haus unseren Innova stehen und wissen nun, dass Bhila und Dipesh eine Bleibe gefunden haben.

Zum ersten Mal sitzen wir in einer Küche an einem wirklich warmen Ofen mit Abluftrohr nach draussen. Herrlich! Es zieht nicht, Türen und Fenster sind geschlossen. Die Hausfrau hat auf Bhilas Wunsch Yakbrühe für uns gekocht. Wenn ein Yak geschlachtet wird, teilen sich vier bis fünf Familien das Fleisch. Die Tierknochen, aus der die wertvolle Brühe gekocht wird, bekommt der Meistbietende. Diese kräftigende Suppe ist also etwas Besonderes. Sie schmeckt richtig gut und tut uns wohl. Bhila erklärt es so: In der Höhe soll man Nahrung aus der Höhe zu sich nehmen, das hilft bei der Akklimatisation. Schwitzt man danach, ist es ein gutes Zeichen. Dazu gibt es Reis, Dal, Blumenkohl mit Karotten, lokale Pilze, etwas rohe Zwiebeln, Gurken und Pickles von Baumtomaten. Wir essen mit gutem Appetit.

Mit Bhilas Hilfe markieren wir die heutige Route auf der Karte. Danach bekommen wir Bettflaschen, die er vom «Bamboo Retreat» in Rumtek für uns mitnehmen durfte. Zusätzlich erhalten wir Thermosflaschen mit heissem Wasser.

Hier im Norden sind Plastikflaschen offiziell verboten. Die Angelegenheit ist ernst zu nehmen. Autos werden kontrolliert. Das lokale Wasser ist frisch und gut im Geschmack, es wird gefiltert oder abgekocht getrunken. Deshalb auch der Standpunkt der Regierung, dass es unnötig ist, abgefüllte Flaschen zu importieren und die Umwelt unnötig mit PET zu belasten.

Bhila fragt mich noch, wie man bei uns zu Hause kocht. Ich antworte, auf einem Elektroherd. Mittels Induktionstechnik? Diese Frage irritiert und verwundert mich, weil ich nicht erwartet habe, dass man das hier kennt. Da mir das Wort für Glaskeramik fehlt, erkläre ich, dass die Flächen sehr heiss würden. Das wiederum kann Bhila kaum glauben.

Im Zimmer sagt mir Brigitte, dass sie in der Küche auf der linken Ablage ein Induktionsfeld gesehen habe. Auch bei Bhila zu Hause habe es ein solches gegeben. In anderen Küchen ist Gas eine Ergänzung zum Holzfeuer. Der Nachteil von Druckflaschen ist, dass sie transportiert werden müssen, was einen grossen Aufwand bedeutet.

Wir stellen den Wecker auf 6.30 Uhr. Als wir das Licht löschen, ist das Hundekonzert in vollem Gang.

Tingvong – Lachen ca. 83 km
Unterwegs von 8.30 – 15 Uhr

Fotos:
Blick auf Lachen | Wohnküche im Homestay

Tag 11: Lachen: Fahrt nach Tangu, Wanderung

Wanderung zur Einsiedelei

Da wir heute früh starten, begnügen wir uns mit Toast, Butter, Konfitüre und einem Ei zum Frühstück. Wir sind die einzigen Gäste. Die vier Kinder der Familie leben anderswo und der Hausherr ist an einer Wahlveranstaltung.

Bhila holt uns ab. Das Wetter ist prächtig, doch die Erfahrungen der letzten Tage lehrten uns, dass mittags meist Wolken aufziehen.

Die Strasse führt in nördlicher Richtung talaufwärts und windet sich später hinunter zum Fluss. Wir sind bei weitem nicht das einzige Touristenfahrzeug. Viele sind unterwegs, entweder Mahindras oder Toyotas Innova, dazu einige Armeelastwagen, denen wir die relativ guten Strassen verdanken. Yaks weiden auf den wenigen stoppeligen Grasflächen am Rand. Noch ist der Himmel stahlblau. Rundum glänzen schneebedeckte Berge. Auch in dieser Gegend gibt es einen dunkelgrünen, zapfenförmigen Berg, wie wir ihn in Dzongu gesehen haben. Hier heisst er «Guard of Lachen».

Immer wieder fahren wir an umzäunten militärischen Anlagen vorbei, sehen Soldaten in weisser Gebirgsausrüstung herumstehen. Alter Schnee liegt an den Hängen. Ich frage mich, ob die vielen Touristenautos alle nach Tangu fahren, zum nördlichsten Punkt unserer Reise, nahe der Grenze zu Tibet.

Stromleitungen und bunte Gebetsfahnen an Schnüren durchqueren das herrliche Panorama. Endlich weitet sich das Tal zu einer Hochebene. Um 9.30 Uhr erreichen wir auf 3950 m ü. M. den Ort Tangu. Hier ist Endstation, weiter dürfen wir nicht fahren. Die Autos parkieren alle am Strassenrand.

Nebst den vielen Tagestouristen gibt es auch Trekker, die mit Vorbereitungen beschäftigt sind und entsprechendes Material zusammentragen.

Wir spazieren das Dorf hinauf und hinunter. Wenn nicht so viel Schnee liegen würde, könnte man von hier Richtung Chopta-Valley wandern. Eine amüsante Alternative wäre auch, unter grossem Hallo auf dem Hosenboden den Schneehang hinunter zu rutschen. Doch darauf verzichten wir.

Dipesh muss umparkieren, weil ein Militärlastwagen nicht vorbei fahren kann. Aber nicht er, sondern ein Auto, das später gekommen ist, hat den Engpass verursacht. Das interessiert den Fahrer nicht, er will durch. Auch wenn alle freundlich miteinander umgehen, gewinnt halt doch der Stärkere.

Wir fahren wieder ein Stück Richtung Süden, in die Nähe von Kalep. Dort beginnt der schmale Weg zur Meditationshöhle von Alexandra David-Néel. Bevor wir die Wanderung starten, trinken wir vom mitgebrachten Chai und überlegen, ob wir den Lunch im Auto lassen oder mitnehmen sollen. Angesichts des grossen Thermobehälters entscheiden wir, erst nach der Rückkehr zu essen. Somit bietet sich Brigitte und mir endlich die Gelegenheit, eine der Biskuit-Rollen mitzunehmen, die uns als Zwischenverpflegung auf dem Hintersitz des Autos schon seit Bagdogra begleiten. Aus Erfahrung weiss ich, dass es in dieser Höhe wichtig ist, regelmässig etwas zu essen, um keinen Hungerast zu bekommen.

Die Gegend, in der sich die Höhle befindet, heisst Deuthang. Überraschenderweise wird uns nicht nur Bhila sondern auch Dipesh begleiten. Wir sind warm eingepackt. Bhila hat uns empfohlen alles anzuziehen, was wir dabei haben. Dipesh lacht, als er mich in der blau-weissen Mütze sieht. Noch ahnt er nicht, was auf ihn zukommt! Er ist in dieser dünnen Luft zum ersten Mal zu Fuss unterwegs. Nun ja, als Fahrer fährt man halt. Einen 5000er Pass im Auto zu überqueren, ist jedoch etwas anderes. Dipesh stammt aus Dentam, einem Ort in West-Sikkim, der lediglich auf einer Höhe von 1400 m ü. M. liegt.

Also marschieren wir bergwärts über Wiesen und Schneefelder, Brigitte und ich in Wanderschuhen, Bhila und Dipesh tragen Sneekers und wie immer Hemd und Pullover. Bhila hat die Schaufel dabei, die bei einer Polizeikontrolle in der Nähe von Singtam beinahe beschlagnahmt worden wäre. Im Norden ist es jedoch obligatorisch, eine solche mitzuführen, das hat die Polizisten letztlich überzeugt, dass es ein harmloser Gegenstand ist.

Die indischen Biskuits schmecken viel besser als erwartet. Wenn ich das früher gewusst hätte! Weiter oben ist der Weg nicht mehr sichtbar, doch Bhila kennt sich aus und führt uns im teils felsigen, teils von Buschwerk überwachsenen Gelände sicher bergan. Immer wieder sinken wir bis zu den Knien, manchmal bis zu den Hüften im Schnee ein. Wir bewältigen schwierige Passagen mit tiefen Löchern, die man nicht sieht, sondern erst bemerkt, wenn man drinsteckt. Rhododendren und Azaleen, Felsbrocken und sandige Stellen wechseln sich ab. Bhila macht uns auf die Losungen verschiedener Tiere aufmerksam. Er findet Reste eines Blutfasans und erzählt uns von seinem Grossvater, der diese Vögel noch täglich jagte. Es sei das beste Fleisch, das es gebe. Heute sind diese Tiere geschützt, die Jagd ist verboten. Bhila weiss, dass es in der Schweiz für die Jagd Kontingente gibt, und findet das ein gutes Modell. Vor allem die Bären sind in Sikkim ein grosses Problem für die Bevölkerung. Die Population der Tiere nimmt ständig zu. Jedes Jahr fallen ihnen mehrere Menschen zum Opfer. Kinder sind besonders gefährdet, da die Schulwege oft lang sind und durch den Dschungel führen.

Ich gehe bewusst langsam. Es atmet sich nicht mehr so leicht auf dieser Höhe. Dipesh hat meinen Wanderstock genommen und mir angeboten, dafür meinen Rucksack zu tragen, doch das will ich nicht. Wir sind bereits zwei Stunden unterwegs. Als wir ein kleines verfallenes Gebäude sehen und vernehmen, dass dies noch immer nicht die Höhle ist, denken wir einen Moment ans Aufgeben. Das Wetter verändert sich. Wolken ziehen auf. Wir sind bereits auf über 4200 m ü. M. Wie weit ist es noch? «Eine halbe Stunde vielleicht», sagt Bhila. Brigitte und ich schauen uns unschlüssig an. Ich hoffe, dass wir die Höhle nicht etwa verpasst haben. Umkehren oder nicht?

Bhila schlägt uns vor, noch eine Viertelstunde weiterzugehen und dann zu entscheiden. Und siehe da, schon nach wenigen Minuten hören wir ihn rufen. Als wir die letzte Kurve nehmen, sehen wir, dass er vor der Höhle steht. Wir treten näher. Es ist unglaublich, dass Alexandra David-Néel, diese aussergewöhnliche Frau, hier zwei Jahre lang meditiert und tibetisch gelernt hat. Die Höhle ihres Lehrers Gomchenla Rinpoche of Lachen befindet sich ein Stück weiter oben. Doch wir haben unser Ziel erreicht und sind sehr zufrieden.

Die Höhle ist nicht gross, ungefähr drei Meter in der Breite, Höhe und Tiefe. Wir binden Katas an die hervorstehenden Felszacken und packen einen kleinen Stein als Andenken in den Rucksack. Ein paar Fotos in verschiedenen Formationen, dann begeben wir uns auf den Rückweg. Woran niemand gedacht hat, ist, die Höhle ohne Personen zu fotografieren. Schade.

Hinunter geht es schneller. Ein paar Schneeflocken wirbeln, später fallen Regentropfen. Ohne Sonne ist es unwirtlich kalt. Endlich erreichen wir das Auto. Dipesh hat Kopfweh und eiskalte, schmerzende Füsse. Brigitte gibt ihm ihre Tempelsocken. Er ist sehr froh darum. Bhila schlüpft in seine Crocs. Ihm scheint die nasse Kälte nichts auszumachen. Jedenfalls äussert er sich nicht dazu.

Dann wird der Lunch ausgepackt. Wir sind alle sehr hungrig. Es gibt Roti, Spinat und Kartoffeln, alles noch wunderbar warm. Doch wie immer essen wir nicht gemeinsam. Wir Frauen werden abseits hinter einen grossen Felsbrocken platziert, die Männer essen vorn an der Strasse.

Die Rückfahrt zieht sich hin. Die zwei Stunden sind lang. Im Homestay empfängt uns die Hausfrau mit Chai. Wir sind sehr zufrieden mit dem Erlebten.

Am Brunnen vor dem Haus waschen wir unsere schmutzigen Schuhe. Wo kein Schnee mehr lag, war die Erde weich und schmierig. Danach kommen wir selber dran. Im schönen sauberen Badezimmer gibt es heisses Wasser. Wir waschen unsere Haare. Wer weiss, was uns in Lachung erwartet.

Die Zimmertemperatur misst 13 °C, was uns nicht mehr erschreckt. Mit einer warmen Jacke und den Beinen im Schlafsack ist es ganz gemütlich. Wir verbringen die Zeit bis zum Essen mit einem Rückblick auf den erlebnisreichen Tag.

Heute Abend ist Rinsin, der Hausherr, anwesend. Er zeigt uns verschiedene alte Fotografien von Alexandra David-Néel, von ihrem Lehrmeister und von der Höhle, wie sie zu verschiedenen Zeiten ausgesehen hat. Früher war sie bis auf eine türgrosse Öffnung mit Backsteinen zugemauert. Heute sieht man nichts mehr davon. Doch die Übereinstimmungen in der Umgebung und im Fels sind deutlich erkennbar.

Rinsin besitzt eine beachtliche Sammlung von Zeitungsausschnitten mit Bildern und Berichten. Dazu gehören auch Fotos von Alexandra David-Néels späterem Begleiter und Adoptivsohn Yongden, der aus Sikkim stammt und sie auf allen ihren Reisen begleitet hat.

Dann erzählt uns Rinsin von seinen Kindern und seiner Familie, die schon immer, seit Generationen, hier in diesem Haus gelebt hat. Das Haus ist über 150 Jahre alt. Rinsin ist in dem Zimmer zur Welt gekommen, wo er heute mit seiner Frau schläft. Auch seine politischen Ansichten verhehlt er nicht. Dass sich etwas ändern muss, ist für ihn klar. Er wird die SKM wählen und nennt uns ein paar Gründe dafür. Die Infrastruktur im Norden ist schlecht. Es gibt kein Spital. Wenn eine Touristin krank wird, weiss man nicht, was man mit ihr machen soll. Mister Chamling, der jetzige Regierungschef, sage, dass Sikkim eine zweite Schweiz werden solle. Die SKM sage, dass Sikkim bereits eine Schweiz sei, dass dem Land einfach die entsprechende Infrastruktur fehle. Dafür sei die Regierung verantwortlich. Mister Chamling kümmere sich jedoch nur um den Süden, weil er dort seine Wähler habe. Dass viele Politiker korrupt seien, habe ich schon oft gehört, dass man für die jungen Leute etwas tun müsse, ebenfalls.

Das Essen ist bereit. Rinsin serviert uns die Yakbrühe, die seine Frau aufgewärmt hat. Dazu essen wir Reis, Dal, Broccoli, Zwiebelsalat, Pilze mit Nudeln, Pouletstücke an einer feinen Sauce und Pickles von Baumtomaten.

Gut genährt und mit warmen Füssen gehen wir hinauf in unser freundliches Zimmer. Auch in diesem Haus hat die liebenswürdige und interessante Unterhaltung vor dem Essen stattgefunden.

Fahrt nach Tangu und Wanderung ca. 71 km
Unterwegs von 7 – 16.30 Uhr

Fotos:
Fahrt nach Tangu | Unterwegs zur Einsiedelei

Tag 12: Chungthang, Lachung

Zum Abendspaziergang in Lachung

Nach dem aussergewöhnlich delikaten Frühstück mit einer speziellen Art von Momos schreiben wir ein grosses Lob ins Gästebuch und tragen unsere Personalien ein. Die Hausfrau macht sich am Herd zu schaffen und überlässt dem Hausherrn das Feld. Wir unterhalten uns eine Weile und legen dann unsere Mitbringsel auf den Tisch. Die Duftseife ist für seine Frau. Später steckt ihr Brigitte noch einen Lippenstift zu, was ihre Augen vor Freude blitzen lässt. Ihr Mann ist etwas irritiert, weil er verpasst hat, was hinter seinem Rücken vor sich gegangen ist. Uns drei Frauen amüsiert es.

Auch heute Morgen erzählt uns Rinsin wieder viel über Alexandra David-Néel und ihre Meditationshöhle. Er selber besitzt Land bei Tangu, das er in der schneefreien Zeit bewirtschaftet. Brigitte fragt ihn, wie er dort hinkomme. Ein Auto besitzt er nicht. Er nimmt ein Taxi. Die Fahrt dauert jedes Mal zwei Stunden.

Zum Abschluss führt er uns in den Gebetsraum des Hauses. Wir staunen, wie reichhaltig und wertvoll er ausgestattet ist. Rinsin ist stolz, uns dieses über Generationen entstandene Erbe zeigen zu können.

Nun warten wir auf Bhila. Er sollte längst hier sein. Was ist los? Um die Zeit zu überbrücken, machen wir mit unseren Gastgebern Fotos in allen möglichen Formationen.

Als er endlich auftaucht, erfahren wir, dass wegen der Wahlen, weil so viele Autos zu Propagandazwecken herumfahren, in Lachen kein Benzin mehr verfügbar ist. Deshalb ist er mit Dipesh heute früh nach Chungthang gefahren, wo ebenfalls bereits alles ausverkauft war. Da unsere Route sowieso dort vorbeiführen wird, kapiere ich den Grund zu dieser Extrafahrt nicht.

Die Erklärung: Je später man in Chungthang eintrifft, desto schlechter stehen die Chancen. Niemand weiss, wann und wo es wieder Benzin gibt. Hier ist eben nicht alles vorhersehbar. Der Tank ist zwar noch zur Hälfte voll und reicht problemlos bis Lachung. Es wäre nicht zuletzt um Optimierung gegangen. Mit einem gut gefüllten Tank lässt sich Benzin sparen! Ich bin anscheinend ziemlich schwer von Begriff.

Nun spazieren wir durchs Dorf. Der Himmel ist klar, ein frischer Wind weht, die Sonne wärmt bereits. Ich habe mir heute Morgen bei einer Zimmertemperatur von 11 °C nicht vorstellen können, dass es tagsüber keine langärmlige Unterwäsche braucht. So schwitze ich nun entsprechend.

Bhila führt uns über schmale Treppen und Stege hinauf Richtung Kloster. Da er Abkürzungen nimmt, muss er ein paarmal nach dem Weg fragen. Frauen arbeiten in den Gärten, zerstampfen Getreide, füttern die Haustiere oder sind bereits am Kochen.

Oben beim Kloster geniessen wir ein herrliches Panorama mit schöner Aussicht über das ganze Tal. Ein junger Mann öffnet uns das Tor. Im Klosterhof flattert eine leuchtend farbige Gebetsfahne an einer hohen Stange. Die Schneeberge im Hintergrund bilden einen blendenden Kontrast. Ein würdiger Ort, um die von Rinsin erhaltene Kata festzubinden.

Als wir auf der Fahrstrasse ins Dorf hinunter spazieren, erzählt uns Bhila, dass die Ehefrau des Mannes, der uns die Klosterpforte geöffnet hat, 55 Jahre alt sei. Das macht mich neugierig, und ich frage, ob das hier oft vorkomme, junge Männer und ältere Frauen. Bhila schüttelt den Kopf.

Ich bin heute anscheinend etwas schwer von Begriff. Gestern hat er mir erklärt, dass es in dieser Gegend noch üblich ist, dass nur der älteste Sohn einer Familie heiratet und seine Frau mit den Brüdern teil. Ja, natürlich, ich erinnere mich, aber so konkret vorstellen konnte ich mir das nicht. In diesem Fall ist der jüngste Bruder erst 35 und der älteste bald 60 Jahre alt.

Bhila weiss, dass wir Mühe haben, uns ein Zusammenleben in solchen Konstellationen vorzustellen. Wenn möglich, erklärt er, werde darauf geschaut, dass immer nur ein Bruder aufs Mal zu Hause sei. Viele Männer arbeiteten auswärts, müssten aus bestimmten Gründen eine Reise unternehmen oder im Sommer in den Bergen zum Vieh schauen. Es gibt also viele Gründe, abwesend zu sein. Ich habe vor Jahren einen Film gesehen, der diesen Brauch, der im Himalaja in sehr abgelegenen Gegenden noch vorkommen soll, dokumentiert. Dass es ihn hier gibt, in einer Gegend, die ich nicht als besonders abgeschieden empfinde, und wo die Menschen aufgeschlossen und gut informiert sind, habe ich nicht vermutet.

Weiter erklärt uns Bhila, dass es auch dem Erhalt des Besitzes diene. Wenn alle Brüder im gleichen Haushalt leben, bleibt Hab und Gut zusammen. Der Landbesitz muss nicht aufgeteilt werden. Natürlich gibt es zu diesem Thema viele interessante Geschichten. Zum Beispiel, dass die Frau einen Mann heiratet und erst zu spät merkt, dass auch seine Brüder dazu gehören. Oder dass ein Mann, von dem eine Frau glaubt, dass er unverheiratet ist, bereits mit der Frau des Bruders in Beziehung steht. Die Familientraditionen sind starr. Schriftliche Versprechen und Versicherungen, die oftmals von der Familie der Braut eingeholt werden, zählen im Ernstfall nicht viel. Wenn junge Menschen mit der Tradition brechen wollen, müssen sie zusammen fliehen und darauf hoffen, dass sich die Familien mit der Zeit wieder beruhigen.

Eine andere Geschichte, die uns Bhila auf diesem Spaziergang erzählt, handelt von der sprichwörtlichen Warnung: Geh dort nicht hinein, die haben Gift im Haus!

Die einmal verbreitete Tradition, Gift im Haus aufzubewahren, existiert nur noch selten. Früher wurde das gemacht, damit keine Leute kamen, die als Gäste bewirtet werden mussten. Man sagte, dass in Häusern mit Gift ein böser Geist wohne. Wenn nun allzu lange keine Besucher mehr kamen und der böse Geist kein Opfer erhielt, starb stattdessen ein Familienmitglied. Hatte man so eine Wahl?

Die nächste Geschichte zeigt, dass sich Traditionen sehr wohl verändern. In Bhilas Gegend wird es immer schwieriger, eine Frau zu finden. Heiraten ist keine einfache oder risikolose Angelegenheit mehr, und zwar aus folgenden Gründen: Um endlich in Frieden leben zu können, versuchte einmal eine Frau ihren trinkenden und prügelnden Ehemann zu vergiften. Da er die Attacke überlebte, sah sie sich gezwungen, ihn zu erschlagen. Nun sitzt sie im Gefängnis. Doch seither fürchten sich viele Männer vor Nachahmerinnen.

Weiter gibt es eine Agentur, die Frauen als Haus- und Kindermädchen nach Singapur vermittelt. Sie verdienen dort INR 25 000 pro Monat, Verpflegung und Unterkunft inbegriffen. Viele junge Frauen ziehen ein solches Leben der schweren Hausarbeit vor, die sie in der Familie eines allfälligen Ehemannes erwarten würde.

Nun ja, Bhila lacht, als er das erzählt, heutzutage muss man seiner Zukünftigen schon etwas bieten können!

Unten im Dorf erwartet uns Dipesh. Wir fahren 30 km talabwärts nach Chungthang. Dort essen wir in der gleichen Cafeteria wie vor zwei Tagen wiederum gebratene Nudeln. Gut, dass wir bestellt haben, bevor sich die fünf Autos, die nach uns auf den Parkplatz fahren, entladen. Eine fröhliche Touristenschar stürmt das kleine Lokal.

Unser heutiges Ziel ist Lachung. Der Ort befindet sich etwa 20 km von hier, in einem Seitental am Lachung-Chu. Die Einwohner von Lachung nennen sich Lachungpa. In Lachen hingegen leben die Lachenpa, ihr Fluss heisst Lachen-Chu.

Es gibt Landkarten, die den Lachen-Chu als Tista bezeichnen. Darüber, ob das richtig ist, gibt es verschiedene Meinungen.

Unterhalb von Chungthang treffen die beiden Flüsse zusammen und bilden dann die Tista. Dort wird sie das erste Mal gestaut und speist ein grosses Wasserkraftwerk.

Richtung Lachung bewegt sich eine Kolonne von Touristenfahrzeugen. Wir sind noch nicht lange unterwegs und stehen bereits still. Ein Stück der Strasse wird frisch asphaltiert. Dipesh bleibt im Auto. Wir gehen ein Stück zu Fuss und beobachten die Walze, die über den dampfenden Asphalt rollt. Frauen verwedeln mit kleinen Handbesen Sand auf dem warmen Belag. Wir sind nicht die einzigen Zuschauer. Wie ein Strassenbelag erneuert wird, sieht man nicht alle Tage.

Weiter vorne fallen uns vier weisse Haarschöpfe auf. Die westlichen Touristen – es sind die ersten seit Yuksam, denen wir begegnen – sind damit beschäftigt, Pflanzen am Wegrand zu fotografieren. Wir spazieren an ihnen vorbei.

Zwischen Bäumen, etwas abgesetzt von der Strasse, steht ein kleiner Chörten. Mehrere grosse und kleine Glocken hängen an Holzstäben. Schnüre mit Gebetsfahnen spannen sich kreuz und quer über die Stätte mit Guru Padmasambhavas Statue und den sieben Wasserschalen.

Dipesh stoppt neben uns und nimmt uns wieder mit. Der kleine Bhim Nala Wasserfall verlangt einen weiteren Halt. Parallel zur Strasse, auf einer Höhe von ungefähr anderthalb Metern führt ein mit «Skywalk» bezeichneter Holzsteg über das Wasser. Am Ticketschalter steht: Heute geschlossen. Brigitte wagt den Gang über den Steg trotzdem.

Lachung scheint eine grosse Baustelle zu sein, viele Häuser sind unfertig und die Strassen ohne Belag. Die Brücke, die wir umfahren, ist von einem Erdrutsch beschädigt worden. Das wie eine Pagode gebaute Hotel macht einen gepflegten Eindruck. An der Rezeption nimmt uns der Concierge freundlich in Empfang, führt uns in den dritten Stock hinauf und öffnet die Tür zu einem grossen Zimmer mit zwei Betten. Das Dach ist abgeschrägt, die zwei tiefliegenden Fensterfronten bieten einen guten Ausblick. Es gefällt uns hier. Auf den Etagen gibt es grosse Aufenthaltsbereiche. Im Dachaufbau befindet sich ein kleines Museum mit Trachten und Handwerksgegenständen.

Kurze Zeit später serviert uns ein verlegener junger Mann Chai und Pakoras. Wir sitzen im Aufenthaltsbereich am Fenster und blicken hinaus in den Nieselregen. Das Hotel soll ausgebucht sein. Noch merken wir nichts davon.

Um 16 Uhr holt uns Bhila für einen Spaziergang ab. Den Schirm griffbereit, wandern wir auf einer guten Strasse in regelmässigen Kehren bergwärts, vorbei an einzelnen Häusern und Gärten, einige unfertig, andere hinter Mauern. Nebelschwaden, mageres Grasland, kleine Felder von Primeln, niedrige Sträucher und Bäume. Mit zunehmender Höhe wird das Gelände karger. Nach einer Stunde erreichen wir einen Pavillon, der eine schöne Aussicht bieten würde, doch wir stecken im Nebel – oder auf 2700 m ü. M. wohl eher in den Wolken. Die vielen Schnüre mit bunten Gebetsfahnen verschwinden im luftigen Weiss. Die Stimmung ist einzigartig. Plötzlich lichtet sich das Gewölk. Für einen kurzen Moment sehen wir das herrliche Panorama schneebedeckter Berge.

Um 17.30 Uhr sind wir zurück im Hotel und richten uns im Zimmer ein. Ich ordne meine Tasche. Die saubere Wäsche wird ausreichen für die letzten Tage. Es gibt eine Steckdose, um die Akkus zu laden. Auch heisses Wasser ist vorhanden. Ich habe die Stille im Haus gar nicht bemerkt, doch jetzt, im anschwellenden Stimmengewirr, wird sie mir bewusst. Wie eine Sturmflut erreicht der Lärm unsere Etage. Wie viele Menschen das wohl sind? Für einen Moment bin ich geschockt. Helle Frauenstimmen, Männerlachen, Kindergeschrei. Das muss eine indische Riesenfamilie sein. Die Flucht nach vorne ist das Beste, was mir einfällt. So öffne ich die Zimmertüre, gehe hinaus und befinde mich in einer Schar fröhlicher Menschen. Sie nicken mir wohlwollend zu. Schnell bin ich im Gespräch mit einer jungen Frau. Von ihr erfahre ich, dass die Gruppe aus «family and friends» besteht. Sie werden zwei Nächte im Hotel verbringen. Ihre Reise verläuft von Gangtok nach Pelling, in umgekehrter Richtung im Vergleich zu unserer. Die junge Frau sagt, sie seien für «fotoshooting» unterwegs.

Um 19.30 Uhr klopft der Mann von der Rezeption an unsere Zimmertür. Das Essen ist bereit. Am grossen quadratischen Tisch im Eingangsbereich ist für zwei Personen gedeckt. Das farbenprächtige Interieur stimmt mich fröhlich. Hellblaue Wände mit Bildern und Ornamenten, bunt gewobene Sitzkissen, bemalte Möbelstücke. Das Fernseh-Programm wird umgeschaltet. Nun läuft ein Englisches, wir nehmen an, extra für uns. Es gibt Gemüsesuppe, Momos, gebratener Reis, Blumenkohl und Spinat. Zum Dessert erhalten wir Gulab Jamun, das sind frittierte, in Zuckersirup getränkte Milchbällchen.

Aus zwei Gründen sind wir schnell fertig mit Essen: Die Speisen werden kalt, da es recht zugig ist in der Lobby, und: wir werden dreifach beobachtet. Jede Gabelbewegung, jede Schöpfaktion wird interessiert verfolgt. Da ist der Concierge, der zwar diskret wegschaut, wenn wir in seine Richtung blicken, da ist der etwas verlegene junge Mann, der uns am Nachmittag den Tee gebracht hat und jetzt das Essen serviert, da ist der kleine alte Mann mit Wollmütze, der das Wasser einschenkt, und wie wir noch erfahren werden, die Thermoskrüge in den Zimmern füllt und die Badezimmer putzt. Kaum haben wir fertig gegessen, wird abgeräumt.

Wieder im Zimmer merken wir, dass es kalt geworden ist. Wir sind sehr müde heute, wollen jedoch nicht zu früh schlafen. Eingepackt im warmen Schlafsack schauen wir nochmals die Fotos an und ergänzen die Reisenotizen.

Lachen – Lachung ca. 52 km
Unterwegs von 9.30 – 16 Uhr

Fotos: Hotel in Lachung | Farbenfrohe Rezeption

Tag 13: Lachung: Hochtal von Yumthang, Wanderung

Shingba Rhododendron Sanctuary

Etwas nach 5 Uhr herrscht bereits Betrieb auf der Etage. Die erweiterte Grossfamilie trifft sich zum Tee. Oberhalb unserer Zimmertüre befindet sich eine geschnitzte, durchbrochene Rosette, die der Luftzirkulation dient und die Stimmen ungefiltert herein lässt. Eine Tasse heisser Chai wäre auch für uns eine angenehme Sache. So gehe ich im Pyjama auf den Gang und befinde mich in guter Gesellschaft: Trainingsanzüge, Nachthemden, Leggings, alles ist okay. Der Concierge bringt uns den Tee ins Zimmer.

Um 7 Uhr ist es schlagartig still, wie wenn ein Schalter gekippt worden wäre. Die jungen Männer des Hotels verschieben Stühle, rücken ein Tischchen und zwei Sessel ans Fenster und ermöglichen uns ein Frühstück mit Aus- und Weitsicht. Roti, Kartoffeln, Joghurt, Apfelschnitze, Eieromeletten, süsse Pancakes, mit Butter und Konfitüre bestrichene Toastbrote – Kalorien für den ganzen Tag!

Heute ist ein anderer Mann im Service tätig. Er spricht gut Englisch, ausserdem Hindi und Nepali. Er heisst mit Nachnamen Sherpa, stammt jedoch nicht aus Nepal, wie ich vermute, sondern aus Westbengalen. Es sei für ihn ein Glück, sagt er, in dieser Gegend arbeiten zu können. Er hat die Hotelfachschule absolviert und mittels verwandtschaftlicher Beziehung diese Stelle erhalten. Ihm gefallen die prächtige, saubere Landschaft und die frische Luft. In der Freizeit fährt er mit seinen Kollegen Mountainbike. Er wandert gern und kennt die Gegend schon recht gut. Von ihm höre ich nun, was auch bei uns zurzeit aktuell ist, dass die Sorge um das Klima bei vielen Menschen zu einem Umdenken führt. Er und seine Kollegen bemühen sich, umweltgerecht zu leben. Sicherheitshalber frage ich zwei- oder dreimal nach, ob er mit «biken» nicht etwa Motorradfahren meint. Ich habe in dieser Gegend noch kein Mountainbike gesehen, was sich jedoch bald ändern wird. Wenn man die Lebensqualität hier mit derjenigen der grossen Städte Westbengalens vergleicht, ist mir klar, dass Lachung zwar am äussersten Rand von Indien liegt, doch die Qualität von Wasser und Luft, die bestechende Schönheit der Landschaft, die herausfordernde Bergwelt machen die Nachteile wett, die es für junge Leute geben mag.

Bhila hat den Lunch und eine Thermoskanne mit Chai besorgt. Um 9.30 Uhr fahren wir los. Die Strasse führt dem Lauf des Lachung-Chu entlang hinauf ins Hochtal von Yumthang. Beim Torbogen des Shingba Rhododendron Sanctuary, auf einer Höhe von 3200 m ü. M. lassen wir das Auto stehen. Die Weiterfahrt Richtung Yumthang ist wegen Schnee gesperrt. Viele Leute kehren bereits wieder um. Sie sind wie unsere Mitgäste trotz Regen um 7 Uhr losgefahren.

In Lachung sollen sich zurzeit etwa 40 Touristenautos befinden. Durchschnittlich verbringen die Gäste zwei Wochen in der Gegend, um sich an der frischen Luft zu bewegen und Landschaften, Pflanzen und Tiere zu fotografieren. «They come for shooting.» Es hat einen Moment gedauert, bis ich gemerkt habe, dass es sich nicht um Jagd handelt.

Es regnet noch immer. Wir ziehen Regenhosen und Regenjacken an und stülpen die Regenhüllen über die Rucksäcke. Die Thermoskanne mit Chai nehmen wir mit, den Lunch lassen wir im Auto. Mit geöffneten Schirmen wandern wir los. Bhila hat sich (goldfarbene) Gummistiefel besorgt. Dipesh trägt Sneekers, Brigitte und ich unsere gut imprägnierten Wanderschuhe. Am Wegrand stehen Verkaufsstände mit Tee und Snacks. Bhila ist fröhlich und gut aufgelegt. Dipesh schaut etwas besorgt in die Welt. Seine Lust, uns zu begleiten, scheint nicht besonders gross zu sein, doch allein im Auto zurückbleiben, will er ebenfalls nicht.

Nebelschwaden verschleiern die mächtigen Berge und schweben zwischen den knorrigen Rhododendren, an deren Ästen sich zottige Flechten sanft bewegen. Eine märchenhafte Stimmung. Da und dort ein Yak zwischen den Bäumen. Dass die magische Szenerie von dieser Welt ist, zeigt uns der entgegenkommende Militärlastwagen.

Die Rhododendronblüte ist dieses Jahr verspätet. Bhila vermutet, dass es mit dem Klimawandel zusammenhängt. Die mehr als hundert Jahre alten Stämme sind rindenlos blank und schräg gedrückt vom Schnee, der im Winter drei Monate lang liegenbleibt. Je weiter wir vorankommen, desto weniger Leute sind unterwegs. Bald sind wir allein. Die Vegetation wird karger. Der Weg ist aus einer riesigen Lawine herausgeschnitten worden. Der Trax, der diese Arbeit verrichtet hat, steht am Strassenrand. Übermannshohe Wände links und rechts. Wir fotografieren eifrig. Der Weg führt stetig bergan, so gelangen wir, ohne es zu merken, auf 3500 m ü. M.

Einmal kommen uns sportliche junge Männer entgegen. Sie unterhalten sich angeregt mit Bhila und erzählen, dass sich weiter oben ein Hindutempel befinde, wo sich ein Rudel Tibetische Mastiff-Hunde herumtreibe. Man sollte den Tieren besser nicht begegnen. Meine Angst ist geweckt. So frage ich Bhila, ob es nicht besser wäre umzukehren. Zuerst lacht er, doch als er merkt, wie ernst es mir ist, sagt er, dass sich der Tempel vier Marschstunden von hier entfernt befinde. So weit wandern wir definitiv nicht. Und: «I'm your Bodyguard!» Er fühlt sich verantwortlich für uns. Zudem kann er mit Hunden umgehen. Was ich ihm gern glaube. Genauso wie ich ihm glaube, dass er den Ausdruck der Yaks deuten kann, ob sie müde, faul, interessiert oder irritiert sind. Er liest es in ihren Augen, genau wie bei den Menschen.

Zur gleichen Zeit wie Brigitte spüre ich die Höhe. Ihr ist etwas schwindlig und mir leicht flau im Magen. So schalten wir eine Teepause ein. Der heisse Chai und ein paar Biskuits machen uns wieder munter. Wunderbar! Wir gehen noch etwas weiter auf dem Weg, beobachten Vögel und verschiedene Arten von Rhododendren. Der Regen hat aufgehört. Auch Dipesh gefällt es mittlerweile. Seine Füsse sind trocken geblieben. Um 12.30 Uhr, nach etwa 4 km gemütlichen Wanderns kehren wir um.

Auf dem Rückweg gibt es eine kleine Aufregung. Brigitte fotografiert ein Yak, das reglos am Wegrand steht. Plötzlich senkt es den Kopf und trabt in ihre Richtung. Da sie schnell weitergeht, bleibt das Yak stehen. Bhila sagt, der rote Schirm habe das Tier gereizt.

Zuerst glaube ich, dass ich Donnergrollen höre. Dann beobachten wir, wie in einem Seitental eine grosse Lawine niedergeht. Gewaltig. Ich versuche das Spektakel mit dem Smartphone zu filmen. Es ist zu weit weg, um die Naturgewalt echt wiederzugeben.

Die Touristen sind verschwunden, die Verkaufsstände zusammengepackt. Unser Auto steht allein da. Es hat aufgehört zu regnen. Dipesh und Bhila behelfen sich mit den am Strassenrand deponierten Tischen und Stühlen, die von den Händlern zurückgelassen worden sind, und stellen sie etwas abseits auf die Wiese. Dann holen sie den Lunch aus dem Auto: Gebratene Nudeln, Reis, Chapati und Pickles, von allem mehr als genug.

Als wir satt sind, räumen wir auf und verlassen den Platz, wie wir ihn angetroffen haben. Das heisst, dass wir den eigenen Abfall mitnehmen, den fremden jedoch liegenlassen. Bhila sagt, dass es einen Dienst gebe, der hier von Zeit zu Zeit aufräume. Als wir im Auto sitzen, beginnt es wieder recht heftig zu regnen.

Im Hotel herrscht eine lebhafte Stimmung. Unsere Mitgäste trinken Tee auf der Etage. Als eine kulturelle Besonderheit empfinde ich die Gewohnheit, bei sperrangelweit offenen Zimmertüren auf den Betten herum zu sitzen oder zu liegen. Es gibt keine Abgrenzung zum Privaten. Nur wir Fremdlinge verschliessen sorgsam die Tür.

Fahrt und Wanderung ca. 35 km
Unterwegs von 9.30 – 15.30 Uhr

Fotos:
Weg durch den Lawinenkegel | Mystische Stimmung mit Yak

Tag 14: Chungthang, Mangan, Dikchu, Gangtok

Zurück nach Ost-Sikkim

Der Tag beginnt um 5.30 Uhr. Die erweiterte Grossfamilie versammelt sich auf der Etage und trinkt Tee. Unaufgefordert bringt uns der Kellner ebenfalls heissen Chai Masala ins Zimmer. Wir geniessen ihn sehr. Der «Early Morning Tea» ist bestimmt ein Überbleibsel aus der Kolonialzeit. Die Neugier treibt Brigitte auf den Gang hinaus, im Pyjama wie alle andern, ihr fehlt lediglich die Wollmütze.

Der Tag beginnt mit einem hellen Himmel. Das Familien-Frühstücksbuffet wird auf dem ebenerdigen Vorplatz bereitgestellt. Für Brigitte und mich steht ein kleiner Tisch auf der Terrasse. Die Sonne dringt durch die Wolken. Es ist angenehm warm. Wir geniessen den weiten Blick aufs Dorf und in die Berge. Mit Butter und Konfitüre bestrichene Toastbrote, Apfelschnitze, Milchreis mit Ginger und Kokosnuss, Chapati, frittiertes Fladenbrot, Omelette Masala, ... Es ist nicht so, dass wir das alles bestellt hätten. Die erweiterte Grossfamilie, das können wir von hier oben beobachten, erhält die gleiche Auswahl an Speisen.

Gepackt haben wir schnell. Dipesh wartet im Auto vor dem Tor. Ein paar Fotos von und mit den jungen Männern des Hotels, und schon fahren wir los. Den Weg zurück nach Chungthang kennen wir bereits.

Der Kanchenjunga View Point bietet noch einmal einen schönen Blick ins Dzongu-Gebiet. Wir sehen den kahlen Hang, den der grosse Erdrutsch verursacht hat. Dort haben wir vor ein paar Tagen den Zemu-Chu überquert, um nach Tingvong zu gelangen.

Nach 50 km erreichen wir Mangan. Bei der Tankstelle gibt es eine Teepause. Wir sind nun zum dritten Mal hier und fühlen uns bereits heimisch. Die Männer essen ein spätes Frühstück oder man könnte auch sagen, einen frühen Lunch.

Danach fahren wir nicht nach Phodong, das wir vom Hinweg kennen, sondern in südlicher Richtung, der Tista entlang weiter bis Dikchu. Dort folgen wir einer kurvigen Strasse hinauf auf einen Gebirgszug, überqueren ihn und gelangen auf ein uns bereits von der Hinfahrt bekanntes Wegstück. Wir legen beim gleichen Aussichtspunkt auch diesmal eine Pause ein. Der alte, kranke Hund, den wir schon vor einer Woche bedauert haben, ist immer noch da.

Auf dieser Reise haben wir viele Holunderbäume gesehen und Bhila voller Begeisterung erklärt, was wir mit den Blüten und Beeren alles herstellen. Bhila konnte sich nicht erklären, weshalb man die Qualitäten dieses wertvollen Baumes hier nicht kennt. Nun endlich habe ich Gelegenheit eine Blüte von einem Ast zu zupfen. Ich zerreibe sie zwischen den Fingern und muss ernüchtert feststellen, dass der Geruch nicht stimmt. Nein, das ist kein Holunder, auch wenn er so aussieht. Hoffentlich hat uns niemand ernst genommen und kocht nun ungeniessbaren Tee davon.

Als wir nach sechs Stunden in Gangtok eintreffen, liegen über 100 km Fahrt hinter uns. Es beginnt zu regnen. Das Hotel ist angenehm komfortabel. Rundum blühen Blumen, die gedeckte Lobby befindet sich im Freien. Wir erhalten grosse, wohnlich möblierte Zimmer, allerdings im Erdgeschoss und hangwärts ausgerichtet.

Um 15 Uhr holt uns Bhila wieder ab. Dipesh muss die defekte Klimaanlage im Auto reparieren lassen. So spazieren wir zu Fuss zur MG-Marg, der verkehrsfreien Einkaufsstrasse von Gangtok, und von dort zum Lal-Bazar. In der riesigen Markthalle herrscht turbulentes Treiben. Die bunte Vielfalt von Waren und Gerüchen, die vielen Menschen faszinieren uns. Brigitte kauft schwarzen Kümmel, den wir so oft an Gemüse und Kartoffeln gegessen haben. Auch ein grosses Stück Ingwer in Bio-Qualität, darf nicht fehlen. Danach kauft uns Bhila eine Portion Teigbällchen, die mit Zitronensaft gefüllt sind. Ich kenne sie von meiner letzten Reise und bin gefasst auf den sauerscharfen Geschmack. Brigitte verzieht das Gesicht recht heftig, was die Umstehenden amüsiert.

Auf dem Dach des Bazars geniessen wir die Aussicht auf diese ungewöhnliche, am Hang gebaute Stadt mit den belebten Strassen, den farbenfrohen Häusern und Dächern. Der leichte Nieselregen stört uns nicht.

Zum Abschluss erfüllen wir Bhila einen Wunsch und kehren in «The Coffee Shop» ein. Das Publikum besteht aus vorwiegend jungen Menschen. Für meine Ohren ist die Musik zu laut. Es gibt alle Arten von Kaffee. Der Cappuccino schmeckt ausgezeichnet, doch er hat mit INR 120 seinen Preis. An andern Orten gibt es guten Chai für INR 40. Dass es Bhila hier gefällt, ist offensichtlich. Ein paar Fotos dürfen nicht fehlen. Mit geöffneten Schirmen spazieren wir zurück zum Hotel.

Seit langem sitzen wir wieder einmal in einem richtigen Restaurant, das heisst in einem relativ grossen Raum. Auf den Vierertischen liegen Tischtücher und Läufer in traditionellem Muster, Wand- und Deckenbeleuchtung erzeugen eine angenehme Stimmung. Von der Küche sehen, hören und riechen wir nichts.

Wir haben das Prozedere, dass man das Abendessen hätte vorbestellen können, leider nicht gekannt und warten nun entsprechend lange, bis die verschiedenen Speisen gekocht sind. Die Mahlzeit schmeckt, doch mir fällt auf, dass in jedem Gericht Kokosmilch verwendet worden ist. Und noch etwas Ungewöhnliches stelle ich fest: Mir ist zu warm. Ich muss eine meiner Jacken ausziehen. Es ist hier nicht mehr so kalt, weil

Gangtok nur noch auf einer Höhe von 1800 m ü. M. liegt, und bestimmt auch, weil die Türen und Fenster geschlossen sind. Es zieht nicht.

Ich schlafe sehr gut im angenehm weichen Bett mit der frischen weissen Bettwäsche. Mit der Temperatur von 17 °C im Zimmer bin ich sehr zufrieden.

Lachung – Gangtok ca. 106 km
Unterwegs von 8 – 14Uhr

Fotos:
Hoteleingang in Gangtok | Prächtige Orchideen

125

Tag 15: Gangtok: Tsomgo Lake, Gangtok City

Gletschersee Tsomgo

Um 8 Uhr wollen wir losfahren. Pünktlich um 7.30 Uhr öffnet eine Serviceangestellte das Restaurant. Ich frage nach indischem Frühstück. Sie zählt die verschiedenen Arten von Omeletten auf. Ist auch gut, denke ich, Hauptsache, wir bekommen schnell etwas. Als sie gebracht werden, bitte ich um ein Stück Toast. Nachdem wir die Omeletten gegessen haben, serviert uns die Frau Fladenbrot, Reis, Gemüse, einfach alles, was zu einer indischen Mahlzeit dazu gehört. Unser Tisch ist beladen mit Speisen, und obwohl wir bereits satt sind, können und wollen wir nicht widerstehen. Es schmeckt zu gut.

Diese Art von Missverständnis lässt sich anscheinend nicht vermeiden, uns jedenfalls gelingt es – obwohl bereits am Ende unserer Reise – noch immer nicht.

Um 8.45 Uhr eilen wir mit unseren Rucksäcken und Regenjacken nach draussen. Bhila hat Dipesh telefonisch mitgeteilt, dass er etwas später kommen werde. Er steht Schlange, um die Fahrbewilligung zum Tsomgo-See zu erhalten. Heute ist Montag. Die Permits können zwar am Vortag ausgestellt werden, jedoch nicht an Sonntagen. Da es gestern auf dem Pass geschneit hat, ist nicht klar, ob die Strasse überhaupt geöffnet wird. Wir üben Gelassenheit und diskutieren darüber, dass man Zeit nicht verlieren kann.

Dipesh erzählt mir ein bisschen aus seinem Leben. Nach der Schule arbeitete er bei einem Elektriker und lernte viel auf diesem Gebiet. Später fand er eine Stelle als Kontrolleur bei einer Busgesellschaft und nützte die Gelegenheit, Autofahren zu lernen. Nun hat er sich um eine Stelle bei der Polizei beworben. Dort könnte er als Fahrer INR 8000 pro Monat verdienen. Ich wünsche ihm, dass es klappt.

Der Himmel klart auf. Zu unserer Freude zeigt sich der prächtige Kangchendzönga zwischen den Wolken. Ein erhabener Anblick. Beim Fotografieren vergessen wir nun tatsächlich die Zeit.

Endlich taucht Bhila auf, verschwitzt und ausser Atem, was selten vorkommt. Es ist mittlerweile 9.30 Uhr. Drei ganze Stunden musste er für die nötigen Papiere anstehen. Täglich fahren bis zu 300 Touristenautos zum See hinauf.

Doch nun geht es los. In den zwei Stunden Fahrzeit verwandelt sich die grüne, subtropische Vegetation mit Laub- und Nadelwäldern in karge, alpine Gebirgslandschaft. Die Strasse windet sich in engen Schlaufen von 1600 auf 3800 m ü. M. hinauf. Der Tsomgo-See, «Quelle des Wassers», liegt nur 5 km Luftlinie von der tibetischen Grenze entfernt.

Noch nicht ganz oben angelangt, trinken wir Tee in einem kleinen Shop. An den Bretterwänden hängen Daunenjacken in allen Farben. Sie werden aus China über den Nathula-Pass importiert. Wir haben die Idee, dass sich die beiden Männer über eine warme Jacke freuen würden. Bhila wählt eine blaue, die ihm gut steht. Dipeshs Körper passt nicht in die schmalen chinesischen Modelle. Wir werden später weitersuchen. Zuerst fahren wir nun hoch zum Gletschersee.

Die Berge ringsum sind mit Wolken verhüllt. Die Wasseroberfläche ist teilweise gefroren und mit einem Fleckenmuster von Schnee überzogen. Touristen spazieren am Ufer. Am Hang tummeln sich prächtige Yaks mit schmuckem Zaumzeug. Die Treiber werben um Touristen, die sie vom See zur Seilbahnstation transportieren wollen. Von dort fährt eine Gondel auf über 4000 m ü. M. hinauf. Bhila macht mich auf die traurigen Augen der Tiere aufmerksam. Die männlichen Yaks werden abgerichtet, um Touristen zu transportieren. Sie sind Einkommensquelle für viele Menschen hier oben. Im Gegensatz zu den weiblichen Tieren, deren Milch Nahrung ist, sind sie für nichts anderes zu gebrauchen. Im Hochland werden die männlichen Kälber getötet.

Fast alle indischen Touristen tragen Gummistiefel. Hier sind sie nicht goldfarben sondern im Camouflage-Muster mit weissem Innenfutter. Eine rutschige Angelegenheit im Schnee. Bhila bleibt bei seinen Sneekers. Meine Wanderstöcke nimmt er sehr gern zu Hilfe.

Wir spazieren am Ufer entlang, machen immer wieder Platz, um die schweren Tiere vorbei zu lassen. Mit der blauen Daunenjacke und den Wanderstöcken wird Bhila von indischen Touristen für einen Ausländer gehalten. Das heisst, er wird von jungen Leuten gebeten, für Selfies zu posieren.

Plötzlich lichtet sich der Nebel, gibt den Blick frei auf den tiefblauen Himmel und die weite Fläche des Sees. Das Panorama zeigt sich in seiner ganzen Pracht. Wir fotografieren eifrig. Nach ein paar Minuten ist der Zauber vorbei.

Als wir die Plattform der Gondelbahn erreichen, die auf den Bergkamm hinaufführt, gesteht uns Bhila, dass er nicht mitkommen könne. Zu Fuss wäre das in Ordnung gewesen, doch heute ist der Pfad wegen zu viel Schnee gesperrt, also bleibt nur die Gondel übrig. Und da steigt er nicht ein. Er musste einmal eine kranke Touristin hinunter begleiten und weiss seither, dass er sich diesen Ängsten nicht mehr aussetzen wird.

Obwohl der Bergkamm eine prächtige Panoramasicht auf den Kangchendzönga verspricht, glauben wir nicht, dass sich die dichter werdenden Wolken erneut lichten werden. So kehren wir zum Auto zurück und fahren ein Stück talwärts.

Noch einmal suchen wir in den vielen kleinen Verkaufsbuden nach einer Jacke für Dipesh – und sind endlich erfolgreich. Olivgrün. Sie gefällt ihm sehr und passt farblich zu seiner Hose. Für beide Jacken zusammen bezahlen wir INR 2300.

Zurück in Gangtok besuchen wir das Kunsthandwerkszentrum. Auf meiner letzten Reise fotografierte ich die Frauen bei der

Papierherstellung. Diese Bilder habe ich nun mitgebracht. Es sieht alles noch genau gleich aus, die gleichen Menschen, die gleichen Prozesse. Die Überraschung gelingt. Die Frauen freuen sich sehr, zeigen die Bilder herum, lachen und scherzen.

Wir tragen noch immer unsere Wanderschuhe. Jetzt scheint die Sonne, es ist plötzlich sehr warm. So kehren wir ins Hotel zurück und ziehen uns um.

Bhila ist nicht begeistert von der Idee, jetzt am späten Nachmittag noch das tibetologische Museum zu besuchen, doch er akzeptiert, dass wir uns einen schönen Abschluss wünschen, bevor wir morgen zum Flughafen fahren. Dipesh muss sich noch einmal um die Reparatur der Klimaanlage kümmern und ist nicht verfügbar. So nehmen wir ein Taxi und begeben uns in den Abendstau.

Nun verstehen wir Bhilas Bedenken. Heute ist der letzte Tag, an dem die Wahlautos unterwegs sein dürfen. Und sie sind es. Alle zusammen. Noch einmal wird eifrig Propaganda betrieben. Morgen tritt ein Versammlungsverbot in Kraft, das bis nach den Wahlen gelten soll.

Das Namgyal Institute of Tibetology liegt auf einer bewaldeten Anhöhe. Dazu gehört ein Kloster. Aus der Meditationshalle dringt der Gesang der Mönche. Bhutanische Gäste sind zu Besuch, man erkennt sie an ihrer speziellen Tracht. Nach dem Gebet strömen die Mönche heraus, spazieren und flanieren auf den Wegen und kaufen bei den Händlerinnen Tee und Snacks. Die friedliche Feierabendstimmung ist ansteckend.

Fröhlich und gelöst spazieren wir den Weg hinunter zur Deorali Butterfly Bridge, einer mit Glas überdeckten Passerelle. Plötzlich eilt Bhila wie verzaubert davon und kehrt mit einem kleinen Jungen auf dem Arm zurück. Es ist sein Neffe. Er soll sich Zeit nehmen für den Kleinen. Wir spazieren unterdessen weiter. Nach einer Weile holt er uns wieder ein. Er hat ihm Süssigkeiten gekauft. Das ist für die Kinder hier noch immer etwas Besonderes. Bhila erzählt uns eine Geschichte aus seiner

Kindheit. Früher, wenn seine Mutter etwas zu besorgen hatte, brachte sie oft kleine Überraschungen mit nach Hause. So hatte sich der kleine Bhila angewöhnt, jedes Mal ihre Manteltaschen zu durchsuchen. Oft steckte die Überraschung dort drin. Einmal fand er ein Briefchen, das ein weisses Granulat enthielt. Er glaubte, es sei Zucker und ass es. Als er wieder erwachte, lag er im Spital. Es hatte sich um ein Granulat gegen Feuchtigkeit gehandelt, wie man es in Kleidern und Verpackungen mit elektronischen Geräten findet.

Zurück im Hotel, bereiten wir die Abschiedsgeschenke für Bhila und Dipesh vor. Wir haben zwei verschiedenfarbige Drybags und zwei Werkzeug-Taschenmesser von zu Hause mitgebracht. Dazu schreiben wir ein paar Dankesworte. Die Geschenke verpacken wir mit handgeschöpftem Papier aus dem Handwerkszentrum.

Die Kellnerin klopft an unsere Zimmertür und nimmt die Bestellung fürs Abendessen auf. Um 20.30 Uhr wird es bereit sein. Also gehen wir pünktlich hin. Gleichzeitig mit uns trifft eine indische Gruppe von zehn Personen im Alter zwischen 50 und 80 Jahren ein. Was bedeutet das jetzt?

Die gutgemeinte Organisation kommt nicht zum Klappen. Die Gruppe hat Vorrang, das wird uns bald einmal klar. Das heisst, dass wir über eine Stunde auf unser Essen warten. Spannende Unterhaltung bietet uns die Beobachtung der Gruppendynamik. Nicht alle der 50er+ haben gleich viel zu sagen, vor allem die Frauen nicht.

Fahrt zum Tsomgo-See ca. 75 km
Unterwegs von 9.30 – 16 Uhr

Fotos:
Unser Fahrer Dipesh | Im Handwerkszentrum

131

Tag 16: Rongphu, Bagdogra, Delhi

Abschied von Sikkim

Um 7 Uhr fahren wir in Gangtok weg. Ohne Frühstück. Das werden wir unterwegs nachholen. Wir wollen zeitlich auf der sicheren Seite sein. Unser Flug der GoAir geht zwar erst um 15.20 Uhr. Ohne Zwischenfälle würde die Fahrt nach Bagdogra vier bis fünf Stunden dauern, doch Staus müssen einkalkuliert werden.

Für die 40 km bis nach Rongphu brauchen wir anderthalb Stunden. Hier wollen wir die Frühstückspause einschalten. Das neue Restaurant «Rongphu Rasoi» mit dem eleganten Dach hat im ersten Stock einen Freiluftbereich, der mit einer Lounge und einem Essteil modern und praktisch eingerichtet ist. Bis wir essen können, setzen wir uns in die bequemen Clubsessel mit Blick auf den Fluss und ins Grüne. Wie immer wird frisch gekocht.
 Brigitte freut sich über die blitzblanken Toiletten. Wenig später realisieren wir, dass dies aus besonderem Anlass so ist. Ein Besuch des noch amtierenden Chief Ministers Pawan Chamling ist angesagt. Draussen stehen Sicherheitsbeamte herum. Auch ein Minister muss mal.

Bis wir essen können, bleibt genug Zeit, um uns bei einer kleinen Zeremonie gegenseitig die Geschenke zu überreichen. Auf den vergangenen Reisen habe ich erfahren, dass dieses Prozedere wichtig ist und Wertschätzung ausdrückt.
 Zum Abschluss unserer gemeinsamen Zeit essen wir heute zum ersten Mal alle am gleichen Tisch. Es schmeckt ausgezeichnet. Kein Reiskorn bleibt übrig.

Bevor wir Sikkim verlassen, indem wir die Brücke nach Westbengalen überqueren, müssen wir uns auf dem Amt abmelden. Das Prozedere dauert länger als vorgesehen, und so geben wir die Zeit, die wir mit dem frühen Aufstehen gewonnen haben, wieder her.

Der Verkehr läuft flüssig. Wir brauchen für die 75 km nach Siliguri zweieinhalb Stunden, das heisst, wir kommen gut voran. Danach gibt es immer wieder kleine Staus. Um 13.30 Uhr treffen wir am Flughafen von Bagdogra ein. Die letzte Kata wird uns liebevoll umgelegt und die herzliche Umarmung erleichtert den Abschied.

Im Flughafen müssen wir zuerst unsere Koffer durchleuchten lassen. Wie das funktioniert, weiss ich noch vom letzten Mal. Danach bringen wir sie zum Check-In. Hier herrscht Chaos. Es kommt mir jedenfalls so vor, weil verspätete Passagiere für andere Flüge ausgerufen und vorgelassen werden. Sitzplatzwünsche anzubringen, ist schlicht unmöglich. Unser Gepäck ist zu schwer. Geldscheine, Quittung, Dokumente und Bordkarten werden mit dem Schalterbeamten über gestikulierende Passagiere hinweg ausgetauscht.

Unübersichtliches Gedränge auch bei der Security. Hier anstellen! Nein, dort! Powerbank aus dem Handgepäck herausnehmen! Nein! Wieder reintun, noch einmal durchleuchten ... Wir überstehen alles, ohne zu murren.

Im Wartebereich kaufen wir Sandwiches und Cola. Uns gegenüber sitzt ein indisches Ehepaar. Der Mann interessiert sich für uns, wie alt wir sind. Seine Frau ist 70. Nun sollen wir sein Alter erraten. Ich schätze ihn auf 75, sage aber, das sei ein Kopfresultat, weil Ehemänner meistens älter seien als ihre Frauen. Er sehe natürlich jünger aus (was tatsächlich stimmt). Charmant und voller Stolz drückt er mir die Hand: «Smart Lady!» Dann lobpreist er seine Frau. Sie ist Sektenpredigerin. Er fordert uns auf, im Internet nachzuschauen, sie sei sehr bekannt. Da die Batterie meines Smartphones fast leer ist, kann ich ohne Ausrede darauf verzichten.

Das Flugzeug von GoAir startet fünf Minuten vor der geplanten Abflugzeit. Ich staune einmal mehr, zuerst dieses Chaos und dann trotzdem diese Überpünktlichkeit.

Um den Himalaja zu sehen, sitzen wir auf der falschen Seite. Da es noch freie Plätze gibt, ermuntert uns eine freundliche Flight-Attendant zu einem Wechsel. Und siehe da, wir bestaunen die unzähligen weissen Gipfel dieses eindrücklichen Panoramas.

Die Landung in Delhi erfolgt 15 Minuten früher als geplant. Das Gepäck ist schnell auf dem Band, so dass wir bald draussen sind. Heisse 39 °C. Dheeraj erwartet uns bereits, freundlich und flott, genau so, wie wir ihn auf dem Hinweg kennengelernt haben. Er begleitet uns ins Hotel und checkt für uns ein. Er macht viel mehr, als wir von ihm erwarten dürfen. Derweil sitzen wir in der Lobby und trinken den mit Abstand teuersten Chai unserer Reise, wenn nicht gar unseres Lebens.

Das sogenannte Tageszimmer ermöglicht uns, etwas zu entspannen und uns umzuziehen. Um 22 Uhr fahren wir zurück zum Flughafen und erfahren dort, dass wegen des Überflugverbots in Pakistan der Start um anderthalb Stunden verschoben wird. So bleibt uns viel Zeit zu vertreiben. Ich beginne damit, meine Notizen zu vervollständigen und die Fotos zu sortieren. Die Wehmut über das Ende dieser schönen und interessanten Reise und über den Abschied von Bhila uns Dipesh, die uns mit vollem Einsatz so viele aussergewöhnliche Erlebnisse ermöglicht haben, ist da und hält sich die Waage mit der Vorfreude, bald wieder daheim zu sein.

Gangtok – Bagdogra ca. 121 km
Unterwegs von 7 – 13.30 Uhr

Fotos:
Abfahrt in Gangtok | Grenze Sikkim/Westbengalen

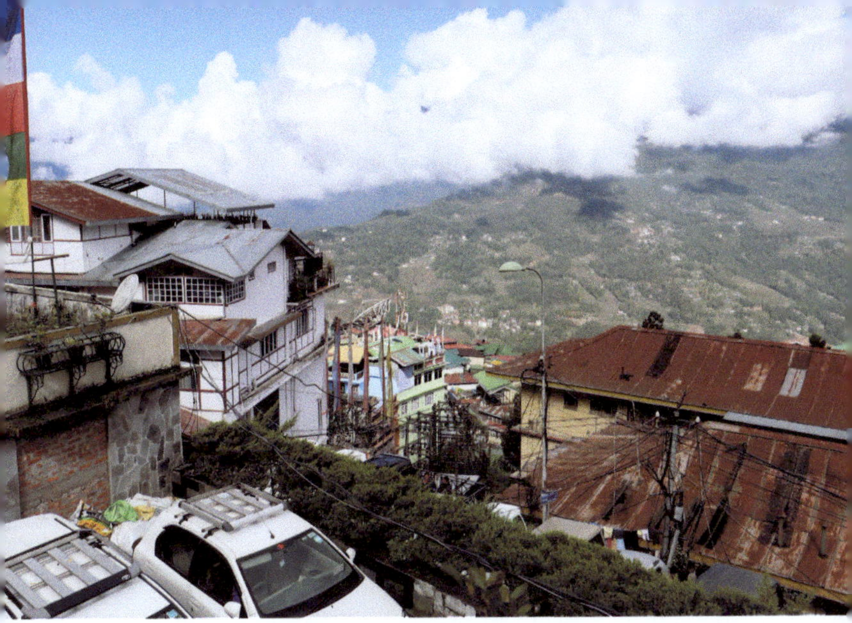

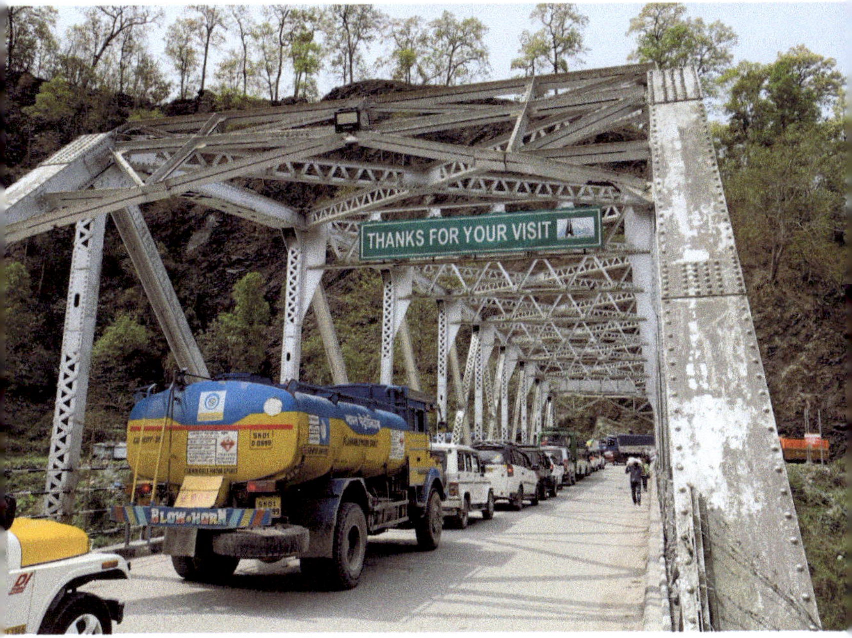
THANKS FOR YOUR VISIT
BLOW HORN

Nach der Reise

Wieder zu Hause, vermisse ich, wie immer nach Reisen in Indien und der Himalajaregion, das schmackhafte Essen. Das motiviert mich, mein Gewürzsortiment zu ergänzen und meine Kochkenntnisse etwas aufzufrischen.

Momos sind eine Herausforderung. Der Teig, den ich aus Reismehl knete, bleibt bröcklig, keine Chance, ihn auszurollen. Mit Weizenmehl wird er elastisch. Ein Rezept für die Füllung finde ich im Internet. In den verschiedenen Momo-Anleitungen lese ich, dass man die Rondellen ausstechen soll. Ich entscheide mich, Teigkugeln zu formen und sie mit der Nudelmaschine auszurollen, was sehr gut funktioniert. Das Video, das ich in Tingvong von Dupdens flinken Händen aufgenommen habe, hilft mir nun, die Teigtaschen authentisch zu formen und zu fälteln. Ich bin sehr zufrieden mit dem Resultat und geniesse nicht nur die delikaten Momos, sondern auch die Erinnerungen, die damit verbunden sind.

In den ersten Tagen lese ich regelmässig den Sikkim Express online und verfolge die Wahlen mit Interesse. Am 23. Mai schreibt mir Bhila, dass die SKM gewinnen werde. In Yuksam steht die Mehrheit bereits fest. Das heisst, Mister Chamling wird abtreten. Später, bei den Recherchen zum Buch, finde ich die entsprechende Notiz in Wikipedia: Pawan Chamling, geboren 1950 in Süd-Sikkim, war vom 12. Dezember 1994 bis am 27. Mai 2019 als Chief Minister des indischen Bundesstaats Sikkim im Amt. Er war der am längsten regierende Chief Minister Indiens: 24 Jahre und 5 Monate. Der neu gewählte Chief

Minister heisst Prem Singh Tamang, auch P.S. Golay genannt, und ist seit dem 27. Mai 2019 im Amt.

Nachdem ich die Fotos sortiert habe, lade ich sie auf einen USB-Stick. Einen Teil lasse ich als Papierbilder kopieren, damit Bhila sie den Porträtierten geben kann. Sie bereiten auch im digitalen Zeitalter immer sehr viel Freude. Etwas Schokolade und ein Buch gehören mit ins Paket, das ich am 29. Mai zur Post bringe. Ich weiss, dass es lange dauert, frage aber doch ab und zu nach. Bhila bleibt gelassen. Er ist ganz sicher, dass es irgendwann ankommen wird. Und tatsächlich, am 21. Juni trifft das kleine Paket in Yuksam ein. Bhila schickt mir Fotos vom Inhalt. Alles komplett.

Das Formulieren des Textes und die Auswahl der Bilder für das Buch werden mich eine Weile beschäftigen. Eine schöne Arbeit, die zur Vertiefung des Erlebten beiträgt. Ab und zu werde ich von Bekannten auf die Reise angesprochen. Das Thema Bio-Landwirtschaft interessiert und es verwundert die Leute, dass es Regierungen gibt, die ihrem Land solches verordnen. Ich merke auch, wie schwer vorstellbar es ist, dass umweltfreundlich und fortschrittlich zu denken, nicht nur vom Wohlstand abhängt. Dass Plastiksäcke verboten sind und im Norden keine PET-Flaschen verwendet werden dürfen, darauf ist die Bevölkerung zu Recht stolz.

Auf meiner ersten Reise habe ich das Fehlen von «tauglichem» Verpackungsmaterial noch der Armut zugeschrieben, nun weiss ich es besser. Diese positiven Nachrichten dringen, wenn von Indien, dem riesigen Vielvölkerstaat, die Rede ist, kaum bis zu uns durch.

Dann, ein halbes Jahr später stosse ich per Zufall auf die Nachricht, dass im September der lang anhaltende Regen Erdrutsche ausgelöst hat. Viele Gebiete in West-Sikkim sind davon betroffen. Yuksam, so lese ich, ist von der Umwelt abgeschnitten. Es wurden Notunterkünfte aufgestellt. Videos, die ich anschaue, zeigen von Schlammlawinen weggespülte Strassen und Häuser. Eine trostlose Angelegenheit. Erdrutsche bedeuten immer auch, dass es keine Elektrizität gibt und die Wasserversorgung beschädigt ist. Weil Sikkim nur aus Bergen besteht, fehlen Alternativen, Häuser und Strassen anderswo als an steilen Hängen zu bauen. Sikkims Grundfläche ist etwa so gross wie der Kanton Graubünden, die Einwohnerzahl beträgt mit 600 000 jedoch rund dreimal so viel.

Eine weitere Nachricht weckt meine Aufmerksamkeit. Der Glasboden des Skywalks der Chenrezig-Statue weist ein Jahr nach der Eröffnung Risse auf und ist nun für den Tourismus gesperrt. Der Grund für die Risse ist unklar. Sie könnten beim Einpassen des Glasbodens entstanden sein oder später durch die Belastung der Besucher oder, wie ich lese, durch einen Arbeiter, der einen Hammer hat fallen lassen. Diese letzte These kommt mir ein bisschen zu einfach daher.

Ab und zu tausche ich mich mit Bhila und Dipesh per WhatsApp aus, so dass ich immer wieder einmal ein Bild oder eine Text-Nachricht erhalte. Diese Verbundenheit schätze ich sehr.

Dank

Ich danke Bhila für die umsichtige, liebevolle Begleitung, die wertvollen Informationen, die lebendigen Geschichten über seine Heimat und die vielen spannenden Episoden aus seinem eigenen Leben. Dipesh danke ich für seine sichere und angenehme Fahrweise und sein fröhliches Lachen, das mich so oft erheitert hat.

Brigitte war die ideale Begleiterin, motiviert und unkompliziert, so konnten wir viele Eindrücke und Erlebnisse teilen. Auch ihr danke ich für die schöne und spannende Zeit, die wir zusammen verbringen konnten.

Fotos: Brigitte | Elisabeth, Bhila

Die Autorin

Elisabeth Jucker, geboren 1954, lebt und arbeitet in Wettingen. Ihr beruflicher Werdegang führte sie von der Fotografie übers Reisen zur Literatur und zum literarischen Schreiben. Sie ist in der Erwachsenenbildung und als Autorin tätig. Seit 2000 publiziert sie Erzählungen, Romane und Reiseberichte.

Auf Reisen ist es ihr wichtig, mit den einheimischen Menschen in Kontakt zu kommen und Einblicke in ihre Lebens- und Denkweise zu erhalten. Das Zusammentreffen mit jungen, hoffnungsfrohen Menschen lassen sie an die Zukunft und die Wandlungsfähigkeit des Gefüges «Welt» glauben.

Reisebücher

Unterwegs in Sikkim
Reisebericht, 156 Seiten mit Fotos
Tredition 2018, eBook, Paperback
ISBN 978-3-7439-7671-9

Das ehemalige Königreich Sikkim liegt im östlichen Himalaja und bezaubert durch seine gebirgige Landschaft mit Wäldern, tiefen Flusstälern und Bergen, die zu den höchsten der Welt gehören. Wanderungen durch die dünn besiedelte Landschaft, Besuche von oftmals unbekannten Klöstern und Kontakte mit einheimischen Menschen haben Elisabeth Jucker die animistisch geprägte buddhistische Kultur, die Sitten und Bräuche Sikkims näher gebracht. Sie erzählt von den täglichen Begegnungen und Erlebnissen auf ihrer Reise nach Rumtek, Gangtok, Kewzing, Rinchenpong, Pelling und Yuksam.

Unterwegs in Bhutan
Reisebericht, 128 Seiten mit Fotos
Tredition 2018, eBook, Paperback
ISBN 978-3-7469-4752-5

Bhutan, das kleine Königreich im Himalaja, umschlossen von Indien und China, übt eine spezielle Anziehungskraft aus. Die westlichen Medien preisen das Land als Paradies auf Erden, als ein Land, das viele Fehler, die andere Staaten in vergleichbarer Situation begangen haben, nicht wiederholt und eigene Wege geht. Das hat die Autorin verlockt, das viel gerühmte «Land des Donnerdrachens» selber zu besuchen.
Sie reiste von Paro nach Thimphu, Punakha, Trongsa und Bumthang bis nach Ura und nach Phobjikha. Die landschaftliche Schönheit von subtropischen Wäldern bis zum kargen Hochgebirge, die prächtigen historischen Tempel, die tiefe Verbundenheit der Menschen mit der Natur, dem buddhistischen Glauben und ihrer Kultur haben sie tief beeindruckt.

Reisebücher

Unterwegs auf Nepals Treppen
Reisebericht, 125 Seiten mit Fotos
Tredition 2017, eBook, Paperback
ISBN 978-3-7439-0183-4

Das Trekking zum Annapurna Base Camp in Nepal zählt zu den bekanntesten und meist begangenen Routen und ist in jedem Reiseführer dokumentiert. Doch wie fühlt es sich an, 12 Tage zu Fuss unterwegs zu sein, jeden Tag ein paar Stunden zu wandern und den mächtigen Bergen immer näher zu kommen?
In diesem Buch schreibt Elisabeth Jucker von den vielen Kilometern auf nepalesischen Treppen und Wegen, von den verschiedenen Lodges, in denen sie übernachtet hat, und natürlich vom schmackhaften Essen, das immer und überall frisch gekocht wurde. Sie berichtet von Begegnungen mit Menschen, von Guides und Trägern, von Händlern und Verkäuferinnen.

Romane

Unerhörtes Glück. *Roman*
192 Seiten, gebunden und als eBook erhältlich
edition 8, Zürich 2018
ISBN 978-3-85990-332-6

Die Villa. *Roman*
224 Seiten, gebunden, edition 8, Zürich 2007
ISBN 978-3-85990-113-1

Übers Meer. *Roman*
208 Seiten, gebunden, edition 8, Zürich 2003
ISBN 3-85990-042-0

Gestern brennt. *Zwei Erzählungen*
160 Seiten, gebunden, edition 8, Zürich 2000
ISBN 3-85990-018-9

www.elisabethjucker.ch